歌舞伎町と貧困女子

中村淳彦

宝島社新書

はじめに

2022年11月16日、終章を書き終え、この「はじめに」を綴っている。
昨日、第一章に登場する、歌舞伎町トー横エリアで活動していた「歌舞伎町卍會」総会長のハウル・カラシニコフこと小川雅朝被告が、東京拘置所で死亡していたことが報道された(享年33)。ハウル氏は生きづらさを抱えて歌舞伎町に漂流し、得体の知れないモンスターに飲み込まれ、逮捕されただけでなく、命まで失ってしまった。

歌舞伎町は戦後のヤミ市解体で行き場をなくした人々が流れ込んでから、どんな人間も受け入れる街としての歴史がある。次々に人が漂流し、次々に人が消えていく。新陳代謝が早い。その姿はどんどんと変貌する。
本書は月刊誌のように猛スピードでつくられた。2022年10月から歌舞伎町で生きる貧困女子たちの言葉を拾い続け、すぐに文章にしている。現在進行形の歌舞伎町を写し出した鮮度の高い声だ。

いま歌舞伎町で起こっていることは、暴力団の衰退、ホストを頂点としモテない中年男性を最底辺とする〝カネの食物連鎖〟の固定化、Z世代（1996年以降生まれ）の若者たちの台頭、そして「男に貢ぐ」ために息を吸うように売春する女性たちの増加だ。歌舞伎町の多くの女性は失業や低収入ではなく、男に貢ぐために貧困化している。

Z世代の女の子たちが次々と歌舞伎町に流入するようになって、歌舞伎町で女性が売春することは常識であり、当たり前という様相を呈している。ホス狂いはいくらお金があっても足りない「底なし沼」に陥り、未成年少女は好きな男の子の生活を支え、ヤクザは追放運動に追いつめられて妻や恋人を頼り、そして女性たちは男のためにカラダを売る。

歌舞伎町は欲望の街とよくいわれる。人流が激しい歌舞伎町で起こる現象は、いずれ東京の他の繁華街に伝染し、最終的には地方に広がっていく。歌舞伎町で起こることは前兆現象であり、おそらく近未来の日本で起こることだ。歌舞伎町で生きる貧困女性たちの生々しい声から、自分が生きる日本の未来を感じてほしい。

2022年11月16日

中村淳彦

目次

第二章 絶望の地下アイドル

第三章　「ホス狂い」の女たち

第四章　売春という生存戦略

第五章　カモられる中年男性

終章　出会いカフェの女

撮影／中村淳彦

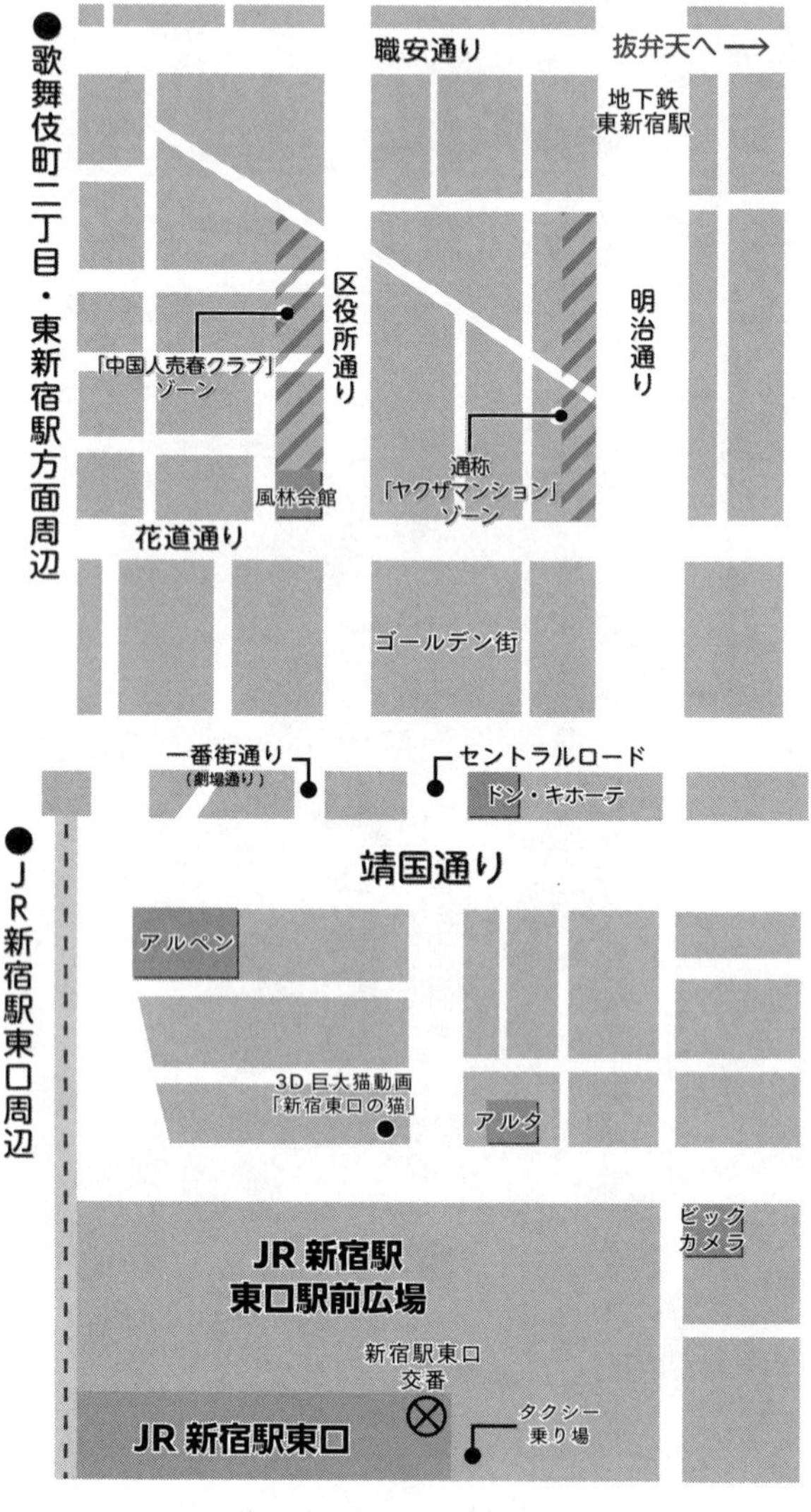
歌舞伎町二丁目・東新宿駅方面周辺
職安通り
抜弁天へ →
地下鉄
東新宿駅
区役所通り
明治通り
「中国人売春クラブ」
ゾーン
風林会館
通称
「ヤクザマンション」
ゾーン
花道通り
ゴールデン街
一番街通り
（劇場通り）
セントラルロード
ドン・キホーテ
JR新宿駅東口周辺
靖国通り
アルペン
3D 巨大猫動画
「新宿東口の猫」
アルタ
ビック
カメラ
JR 新宿駅
東口駅前広場
新宿駅東口
交番
タクシー
乗り場
JR 新宿駅東口

歌舞伎町マップ2022

カバー・帯・表紙デザイン／bookwall
DTP／G-clef
マップ作成／ほさかなお
編集／片山恵悟

第一章　トー横キッズと未成年売春

悲惨な事故もすぐに忘れ去られる

日本一の乗降客数を誇る新宿駅を降りて歌舞伎町に向かう。

A9番出口の階段を上がって東口を出ると、目の前には東口駅前広場が広がる。その先にはフジテレビ『笑っていいとも!』で使われていたスタジオアルタの入ったビルが見える。赤、青、黄、橙のネオンで彩られたALTAの文字が目に焼きつく。交番を越えると、新宿に足を踏み入れたという気分になる。

東京出身の筆者は気づけば、もう半世紀生きている。タクシー乗り場と地下駐車場入口がある新宿駅東口の風景は、子どもの頃からあまり変わっていない。ブルーシートのホームレスの姿が見えなくなり、瓶詰めのトルエンを販売する怪しい売り子がいなくなったくらいだろうか。

東口駅前広場にあるステージでは数十年前からたびたびフリーのロックコンサートが開催され、人気アーティストが登場すると数千人の人だかりが広場を埋め尽くす。

この巨大ターミナルの新宿駅が開業したのは1885(明治18)年と古い。ネットを検索すると1885年は、太政官制度が廃止され、新たに内閣制度が創設、伊藤博文が初代内閣総理大臣に任命された年だという。当時の新宿駅周辺は長閑《のどか》な畑地であり、鉄道が敷かれることを地元住民たちは歓迎しなかったようだ。

アルタ前のスクランブル交差点に小さな人だかりがあった。全員が上空を見上げている。2021年7月から放映が開始された3D巨大猫動画「新宿東口の猫」に魅入られているのだ。

小さな商業ビルの屋上に設置された巨大な3Dモニターに三毛猫が現れて、画面から飛び出してニャーと鳴く。

「巨大猫」が入口で佇む商店街を真っすぐ進むと靖国通りだ。通りの向こうがセントラルロード。左斜め向こうに「歌舞伎町一番街」の大きなアーチ看板がある。信号を渡ってアーチをくぐると歌舞伎町だ。

「客引きにはお金を渡さないでください」

繰り返される女性の声によるアナウンス。そして、突然男性による厳しい口調となり「君たちの勧誘による被害がかなり多く発生している。客引き行為は違法である、直ちにやめなさい！」と怒気まじりの声が響く。新宿警察署による呼びかけ放送だ。

歌舞伎町一番街にある通称「劇場通り」に入った。東洋一の繁華街には、飲食店、風俗店、漫画喫茶、カラオケ店のあふれんばかりの巨大ネオンと看板が乱立する。数十メートル歩くと、右側には2001年9月1日未明に44人の死者を出した「歌舞伎町ビル火災」の現場だった明星56ビル跡地がある。3階の麻雀店から出火して4階のセクシーパブに火炎と煙が蔓延、セクシーパブ嬢や男性客など44人が急性一酸化炭素中毒で死亡している。

明星56ビル跡地は数十人の若い命が無残に絶たれた場所だが、凄惨な事故の悲劇を思い出す人や心霊現象を恐れる者は、ほとんどいない。一番街の劇場通りは事故直後から何もなかったように人が集まり、通りすぎ、ずっと華やかなままに20年以上の時が経っている。

2015年4月に開業し、歌舞伎町の新たなシンボルとなっている新宿東宝ビルに到着した。新宿東宝ビルは新宿コマ劇場、新宿東宝会館を潰して建てられた。新宿東宝ビルの屋上には街を睨《にら》みつけるように巨大なゴジラヘッドが鎮座し、1時間ごとに吠える。歌舞伎町の新たな名物となっている。

歌舞伎町のメインストリートである新宿東宝ビル周辺は、ヤクザや素行が悪そうな不良はいない。「暴力団追放」の腕章をつけた警察官が見回り、どこを眺めても若者だらけである。猥雑だった昭和の歌舞伎町は生まれ変わり、いまは国際的な観光地となっている。

大規模な再開発をして国際的な観光地をつくることは、東京都や新宿区の悲願だった。石原慎太郎都知事（当時）はキャリア組の警察官僚と組み、「歌舞伎町浄化作戦」（2003年〜）を展開し、徹底的に風俗店を潰した。邪魔な存在だった店舗型風俗店や違法風俗店、裏DVD店、ヤクザ、ホームレスは一掃された。

石原都知事やキャリア官僚は歌舞伎町の風俗店を潰したことを手柄にして、さらなる成功や出世の道を歩んでいったが、合理的に稼げていた歌舞伎町のシステムを潰したことは、のちに悲惨な副作用を生んだ。女性の貧困が深刻化して、最終手段だった〝カラダを売って〟も生活ができないという、絶望的な現状を生んだ。

一方、歌舞伎町は昭和のコマ劇場時代から不良少年や家出少女のたまり場だった。風俗業者や反社会勢力を衰退させ、巨費を費やして大規模な再開発がされても、行き場のない少年少女たちが集うその歴史だけは踏襲された。

新宿東宝ビル横の広場に集まる少年少女は「トー横キッズ」と呼ばれる。トー横キッズの存在は、2021年6月に週刊誌で報道されてから注目されるようになった。

ヤクザに追われる現役「地下アイドル」

歌舞伎町で活動する地下アイドル・宮野寧々（仮名、20歳）は元トー横キッズだ。トラブルを起こして歌舞伎町から逃げているようで、ZOOMで話すことになった。

宮野寧々はネット検索にも若干出てくる程度の現役地下アイドル。取材後に本人は「全然、名前を出していいですよ」と言っていたが、筆者の判断で芸名に近い仮名としている。

歌舞伎町のカフェでノートパソコンを開きZOOMを立ち上げ、オンラインでつながるとPC画面に宮野寧々の顔が映る。プリン頭に近い金髪&ギャルメイクの女の子だった。彼女がいる部屋の光量不足で映像が暗いためか、浮かなさそうな表情はより冴えないように見える。

数時間前に（言えない）潜伏場所から実家に戻り、実家の自部屋でZOOMをしている。彼女はヤクザから追われる身になるまで、歌舞伎町のガールズバーで働きながらアイドル活動をしていたという。

「いま、ヤクザに追われているので歌舞伎（町）には行けないんです。歌舞伎から逃げて、実家に逃げ帰っています。埼玉です。今年（2022年）7月末に逃げてきて、いまは基本何もしていません。ちょっと前までデリヘルをやっていたので、そのときのお金と、暇なときにチャットレディをしているので、そのお金で生活しています。チャットレディはカメラの前でオヤジ相手に脱いだり、オナニーする仕事です」

彼女はファンに支えられているアイドルだが、その収入ではとても生活できない。デリヘルやチャットレディなど、若さゆえのエロティック・キャピタルを使った仕事で生活費を稼いでいた。

アイドルという職業上、現実を隠すのが一般的ではないかと思ったが、彼女にはそのような感覚はまったくなかった。当たり前のように「デリヘル」「チャットレディ」「オナニー」という言葉を使う。自部屋で浮かない表情をしながら、スマホのカメラに向かって淡々と身に降りかかった災難を語っていく。

「今年4月になんかお金がなくなって、ヤクザに頼んで空き巣未遂しちゃった。それがヤクザに追われるそもそもの原因です」

デリヘルとチャットのオナニーで稼ぐ地下アイドルがヤクザに空き巣を頼み、それが未遂だった——そう言われても、話がぶっ飛んでいてわからない。何があったのかを聞いていく。

中学時代から歌舞伎町のネットカフェ暮らし

「中学生の頃に歌舞伎に来てから、家に帰るのは週1、2日くらいで、ほとんど歌舞伎のネカフェで暮らしてた。世代的には話題になったトー横キッズの一世代か二世代前です。中学生の頃から、ずっと住所不定みたいな感じ。4月にヤクザに空き巣を頼んだときはガールズバーで働きながら歌舞伎で遊んでいて、たまにしか家に帰らなかった。ネカフェ代がないときは友達の家に泊まるけど、お金がなくなって泊まれる友達の家もなくなって、どうしようってなった」

働くガールズバーも歌舞伎町だった。3000円まで日払いOKというシステムで、日払いされるお金を使ってネットカフェに泊まるのが常だった。いつも利用するのは花道通り沿いにある「カスタマカフェ」。歌舞伎町に集まる住所不定の女性や終電を逃したホス狂いたちに人気のネットカフェだ。

「カスタマはカレー食べ放題。だから食事は毎日カレー。バカ舌なので、何食べてもおいしい。カスタマカフェ暮らしはずっと前からで、彼氏がいるときは彼氏の家に住んだり。基本はカスタマ。私、彼氏はできたり別れたりで安定しなくて、私の性格が悪いのかわからないけど、あんま続かない」

歌舞伎町で寝泊まりして、歌舞伎町で遊んで、お金がなくなれば歌舞伎町で働いた。この街から出ることのない、その日暮らしだった。

計画性は何もないので頻繁《ひんぱん》にお金は足りなくなる。4月のある日、ネカフェ代も実家に帰る交通費もなくなった。どうしようと途方に暮れたとき、彼女は「困ったときにいつでも連絡して」と言われていたヤクザを思い出した。

ヤクザと一緒に「空き巣」を計画

そのヤクザは数週間前に歌舞伎町の路上で知り合った30代の男。出会った日にＬＩＮＥ交換はしていた。宮野寧々は「５０００円でも1万円でもいいからお金を貸してほしい」とヤクザにＬＩＮＥをした。

「そのヤクザにお金貸してほしいって頼んだら、こっちもカネないみたいな。この人はガールズバーを紹介してくれた人で、お金がないって相談した。そうしたら『俺もお金がないから空き巣をしよう』って誘われた。だから、お前はカネを持っていそうな家を探せって。空き巣する家が決まったら、俺が人を集めて実行するって。情報をくれるだけでいいって」

ヤクザとの会話で共謀して空き巣をすることが決定した。

宮野寧々はお金がありそうな家を探し、住所と留守時間をヤクザに伝える役割となった。ヤクザはターゲットの家が決まったら空き巣を実行するメンツを揃えて、日にちと時間を決める。売り上げはヤクザと彼女で折半、という約束だった。

知り合いで誰がお金を持っているか考えた。

元所属事務所の社長はお金はあるだろうが住所がわからない。高収入であろう中年デリヘル客はＬＩＮＥ交換しているだけ――お金があって住所がわかるのは、パパ活アプリで知り合った〝定期パパ〟の鈴木さん（仮名）だけだった。

宮野寧々と鈴木さんは今年2月、パパ活アプリで知り合っている。鈴木さんはギャル好きの中小企業経営者で、宮野寧々は気に入られた。月2～3回のペースでデートを重ねていた。鈴木さんとのデートはいつも新宿だった。新宿三丁目のイタリアンやフレンチでディナーを食べてから、タクシーで歌舞伎町にある新宿プリンスホテルに行く。部屋はいつも歌舞伎町が見える高層階で、夜景を眺めながらセックスした。報酬は一度のデートで3万円、鈴木さんはピン札を封筒に入れて渡してくれる。

出会ってから数週間が経った3回目のデートのとき、ドライブデートをすることになった。三鷹市にある鈴木さんの自宅前で待ち合わせて、そのまま横浜にドライブに行った。車は赤のアウディだった。

宮野寧々はLINEに残っていた鈴木さんの自宅住所をコピペしてヤクザに伝えた。

「定期パパだったけど、あんま会わなくなってたからいいかなって。とりあえず住所は知っていたし、お金がありそうな人は鈴木さんしか浮かばなかった。すごく大きな家だったし、空き巣するにはぴったりだって思った」

空き巣の決行日は4月30日。その日、宮野寧々から鈴木さんに連絡し、久しぶりに昼間からデートの約束をした。鈴木さんが新宿で宮野寧々とパパ活をしている間、ヤクザと犯罪チームが空き巣に入ることになった。

当日の13時、鈴木さんと新宿駅東口の交番前で待ち合わせた。そのまま歩いて新宿三丁目のイタリアンでランチ。食後、いつものように新宿プリンスホテルにチェックインした。セックスをしてから、歌舞伎町の中華レストランに行って一緒に夕飯も食べた。別れたのは20時頃、いつものように帰り際に3万円をもらっている。

この日、順調にデートしていることは、逐一ヤクザにLINEで伝えている。

「その日の夜にヤクザから連絡が来て、鈴木さんの家に女の人がいたらしくて、空き巣ができなかったって騒ぎ出した。なんかヤクザの世界って何か仕事するとき、情報源がケツモチ（責任者）みたい。失敗したから情報流したお前が責任をとれって。お前が金を払えってなった。ヤクザからしつこく100万円を要求された。ヤクザの言っていることが本当か嘘か全然わからない、完全にだまされているかもしれないけど、脅されました」

宮野寧々の財布には、鈴木さんからもらった3万円があるだけ。その日暮らしで交通費にも困っていたため、100万円などあるはずがない。ヤクザからは「みんな怒っている」「いつ払えるのか」と何度もLINEと電話が来る。追い込まれてパニックになった。追いつめられた宮野寧々は恐喝されていること、そして、それまでの経緯のすべてを両親に話した。

終わらない恐喝

「パパとママには空き巣のことも話した。ヤクザからは100万円の一括払いか、60万・60万の2回払いか、50万・40万・40万の3回払いか選べって言われていて。パパとママが100万円をつくって、ヤクザに払いました。振込でした。お金をどうにか出してもらったけど、でも、それでは終わらなかった」

5月中旬、両親は指定された口座に100万円を振り込んだ。騒動は終わったとホッとしていたが、しばらくしてヤクザからまた連絡があった。

「次は、別で200万円を立て替えているってヤクザに言われた。本当は300万円だって。いまはこっちで200万円を立て替えているから、それをすぐに払ってもらうって。ヤクザは私の行動も知っていて、男に金を使っているなら返済しろって。めちゃめちゃ怒り始めて、私が遊んでいた男の子の家にも行くぞって言われた。本当に怖いと思った。6月からデリヘルのバイトを始めてたので、怖くて自分が稼いだ分はほとんど全部振り込みました」

デリヘルで稼いで持っていたのは20万円。全然足りない。ヤクザからの連絡は鳴り止まない。あと180万円すぐに払え、住所を調べたので男の家に乗り込む、と脅され続けた。

「ヤクザにはたぶん実家も知られているので、すごく怖かった。困り果てているときにガールズバーの知り合いから、そっち系の話を解決できるかもって言われた。このままだと200万円じゃ収まらないよって。それで紹介された40代のおじさんに歌舞伎町で会いました。ルノアールで話した。そのおじさんは300万円を払ってくれれば、電話一本で収めることができるって。頼みました。ずっとお金を払い続けるんだったら、300万円で終わらしちゃったほうがいいと思った。終わるんだったらそれがいいかなって」

40代男性に頼んだその日から、ヤクザから180万円を払えという請求はいっさいなくなった。そして今度は40代男性から「300万円はいつ支払えるの?」という連絡が来た。

紹介してくれたガールズバーの知り合いに聞くと、その40代男性も歌舞伎町のヤクザだという。指定広域暴力団の組員である。その日のネカフェ代も困るのに300万円なんてつくりようがない。もう親にも頼れない。逃げることにした。2020年7月中旬の出来事だ。

「携帯の番号を変えて誰とも連絡とれないようにした。だから、怖いから歌舞伎には行けない。探されているかもしれないじゃないですか。どこまで探されているからわからないので、ほとぼりが冷めるまで歌舞伎には行けない。全然わからないけど、実家にいる分には大丈夫かなと思って戻ってきました」

先の30代ヤクザからの200万円を要求する2回目の恐喝が始まったとき、両親に連れられて地元の警察署に相談に行っている。

「警察にも全部話しました。でも、その人が本当にヤクザかどうかわからない。違うかもしれないし、まず加害者の身元を調べるって。警察は事件にならないと動かないので、最初の話はしたけど、違法行為のなかで行われた取引だから事件にできないって。ヤクザに空き巣を頼んだ話もした。それは悪いことだから、もうしないでねって怒られました。脅されている証拠がないと事件にならないって。たとえば『殺すぞ』みたいなLINEとか。そんなのなかった。ヤクザって恐喝っぽい恐喝はしないから」

トー横キッズを卒業して地下アイドルになった宮野寧々に降りかかったのは、昔ながらの典型的なヤクザの恐喝だった。

「歌舞伎の子は、みんな援助交際してました」

宮野寧々の芸名とグループ名を聞いてネット検索すると、ライブで歌っている彼女の写真が出てくる。ステージに立ち、マイクを持ってファンに向かって熱唱している。

「職業は一応アイドルだけど、いまは休止中。だから元アイドル。ライブハウスで歌ったり、そんな感じ。去年（2021年）1月から始めて1年半くらい続けました。ファンはそんなにいない。アイドルはチェキバックしか収入がなくて何枚も撮ってもらえるわけじゃないし、人気ってわけじゃないのでお金は全然ないです」

チェキバックとは、ライブが終わったアイドルとファンが1枚1000〜3000円でチェキを撮り、その半額程度がバックされアイドルの収入となること。地下アイドルのライブでは出演料は出ない。アイドルとしての収入はチェキバックのみとなる。

「中学3年から歌舞伎町で遊ぶようになって、高校には一応行きました。高校を卒業してからはフリーター。歌舞伎町にはいつも友達がいてたまり場があったし、いまはトー横キッズって呼ばれているけど、私は何世代か前。歌舞伎町に集まって路上で飲みながら騒いで、そんな感じ」

新宿東宝ビルの横かシネシティ広場に行けば、誰かしら知り合いがいた。最初は夜10時には切り上げて埼玉の実家まで帰ったが、いつからか家に帰らなくなった。

宮野寧々の中学時代の成績は悪く、高校は通信制に進学した。毎日歌舞伎町で遊ぶようになった。トラック運転手の父親とスーパーのレジをしている母親は、家に帰らなくても何も言わない。たまにしか家に帰らないのでスマホや食費、ネカフェやホテル代など、お金がかかる。未成年の収入源は売春(援助交際)しかなかった。

「歌舞伎にはいろんな女の子がいたけど、みんな援助交際してました。みんなです。お金をつくるにはそれしか手段がないから。だから、私も初めてエッチしたのは援助交際。中学3年生のときにパパ活アプリに身分証を偽造して登録して、おじさんと適当に話してヤリました。あとネット掲示板とか。単価は安い。3万円とか4万円とか、そんくらい。未成年のときは援助交際で生活。おじさんと待ち合わせて歌舞伎町のホテルに行ってセックスしてお金もらう。それだけです」

歌舞伎町で稼いで、歌舞伎町で使う

宮野寧々は現在20歳、6年前の中学3年生のときから歌舞伎町にいる。新宿東宝ビル周辺やシネシティ広場にたむろしていたのは2016~18年となる。

トー横に集まる未成年は日々メンツが変わる。誰かしら知り合いはいるし、新しい知らない人もいる。知らない人とも路上で一緒にお酒を飲むのですぐに仲良くなる。そんな繰り返しだった。

「私たちのときはトー横キッズとは呼ばれてなかったけど、トー横キッズみたいなことをしていたとき、あんまりお金のことは考えてなかった。私みたいな、親が緩いのでただ家に帰らない子もいれば、家出した子もいて、いろいろ。お金がなくなったら、ツイッターでおじさんを探して援交するみたいな。そんな感じ」

トー横キッズの多くは、基本的に24時間歌舞伎町から出ない。家出少女は家から逃げているので家に帰らない。歌舞伎町で稼いで、歌舞伎町で使う。ホテルやネカフェの宿泊費、食費、お酒の飲み代が必要だ。泊まるのはアパホテルやネカフェのカスタマ。一泊3000〜4000円くらいはかかる。

「本当に歌舞伎町から出ない。広場で友達と飲んで騒いでいるか、お店に行くんだったらバーが多かったかな。ワイワイ系が好きなので、お金があればバーに行っていた」

未成年時代は援助交際でお金を稼ぎ、18歳になってからは夜から深夜の時間帯にバーやガールズバーで働いた。

「20時出勤の朝5時退勤とか。だから昼間は寝てました。バーもガールズバーもけっこう厳しくて遅刻で罰金5000円とか。欠勤したら1万円とか。だから、たいした収入にならない。家に帰らなくても両親には怒られない。やることやっていればいいって感じで。家出みたいな感じになったのは、高校1年生のときに歌舞伎町で知り合った彼氏ができてから。ラブホに一緒に泊まったりして、家に帰らなくなったのが始まり」

18歳になってからも歌舞伎町に居続けた。水商売や飲食店でアルバイトができる年齢になったので、歌舞伎町の店を転々とした。ラーメン店にフルタイムで働くなど、昼職にも挑戦したことがある。

「中学のとき、初めて付き合ったのがホスト。そこから始まってバーテンとかホストとか、バンドマンとか彫師とか。みんな歌舞伎町で出会った人。普通の人と付き合ったことないかな。割と貢ぎ癖がひどくて。もともとビジュアル系のバンドが好きで、お金を貢いだら貢いだ分だけ偉い、みたいな世界じゃないですか。だから未成年のときは援助交際で稼いで、バンドマンとか彼氏に貢いでいました」

宮野寧々から「バンドマンや彼氏に貢いでいた」という話が出た。このときは気づかなかったが、「（女子が男子に）貢ぐ」ことは、いまの歌舞伎町を語るうえで欠かせないキーワードとなっている。

コロナ禍の2021年1月、働いていたラーメン店が潰れた。それから飲食店にいくつ応募しても落とされた。唯一、採用されたのはアイドル事務所で、それから地下アイドル活動を始めている。

「絶対に受からないと思っていたけど、受かっちゃった。じゃあ、やろうかなって。アイドルの収入はチェキバックだけなのでほとんどない。ライブ1回やって2000円とか。ファン3

人くらいしかいないので何万円とかには絶対になりません。だからお金に困るのはいつものことで、ヤクザの『空き巣をしよう』って話に乗っちゃった。ファンをヤクザに売ることも考えたけど、それはかわいそうだし、お金なさそうだし、やめました」

歌舞伎町の住人になって6年目、ヤクザとのトラブルのほとぼりが冷めたらすぐに戻りたいと思っている。

「歌舞伎は好き。地元にいるときにずっと感じていた違和感というか、合わないなみたいなのがなかった。それまではどこに行っても自分は浮いていたけど、歌舞伎の人たちってみんなそれぞれおかしい。みんな変。それが心地よかった。保険証ないとか、薬やっているとか、売春しているとか。そんな人ばかり。いろいろな人がいすぎて、自分のおかしさ加減がまだまだ大丈夫だって思えるというか」

宮野寧々はヤクザへの支払い300万円を踏み倒している。携帯番号を変えて逃げてから、まだ1カ月も経っていない。ヤクザを紹介してくれた知り合いも音信不通になってしまった。だから、まだヤクザに探されているのか、もう追われていないのか、わからない。

この原稿を書いている10月下旬、彼女のアイドル名のツイッターは毎日元気に更新されている。

トー横キッズの真実

歌舞伎町は戦後の都市計画でつくられた街で、町内が迷路のようになるよう意図的にT字路が多い設計となっている。話題となったトー横キッズが主にたむろしていたのも、新宿東宝ビル東側の花壇のあるT字路だ。

新宿東宝ビル東側の花壇に座ると、トークライブハウスで有名な「ロフトプラスワン」がテナントに入るHAYASHIビルがT字路の突き当たりに見える。ビルの上方には赤く彩られた「I❤KABUKI-CHO 歌舞伎町」の巨大看板がある。

トー横キッズという言葉は、2021年の夏前に一気に拡散した。『フライデー』（2021年6月25日号）で女子大生ライターの佐々木チワワが「歌舞伎町『トー横キッズ』を知っていますか」という記事を執筆。5月に起こった「未成年カップル飛び降り自殺事件」が重なってトー横キッズは注目された。後追い報道も繰り返され、メディアにはしばらく「トー横キッズ」「未成年」という言葉が飛び交った。

「自分がトー横に行き始めたのは2020年12月くらい。最初の頃は18歳とか19歳とか年齢層が高かったけど、だんだん未成年が増えてきた。2021年6月にメディアで報道されてから未成年がどんどん集まって、夏休みには本格的に中高生だらけになっていた」

そう語るのは注目された全盛期にトー横キッズだった大泉健斗くん（仮名、19歳）だ。健斗くんと未成年がいなくなった現在のトー横で待ち合わせた。「知り合いに会いたくない」という理由で新宿二丁目のカフェに移動する。

健斗くんは現在、都内の大学1年生で見惚れるようなイケメンだった。明るいタイプではなく、内向的で知的な印象だ。東京出身の実家暮らし。両親は健在。学費は親が出してくれていて家庭に問題はなかった。

健斗くんは中学時代に集団生活が苦手だったことが理由で不登校になった。ずっと部屋に籠ってゲームをしているわけにもいかず、高校1年のときから新宿二丁目のバーに通う。ゲイの街として有名な新宿二丁目に通った理由は「学校と違って落ち着くから。多様性があったからかな」。高校2年生の冬から歌舞伎町のトー横が居場所となった。

トー横キッズとはいったいなんなのか。健斗くんに聞いていく。

「端的に言えば、歌舞伎町のトー横という特定の場所に未成年や若者、それと未成年目当ての大人が集まったってだけ」

「おぢ」と売春して「地雷男子」に貢ぐ

トー横キッズは似たような境遇の未成年が新宿東宝ビル横に集まり、路上でお酒を飲んだり、お菓子を食べたり……そんな集団だった。誰でも受け入れていたので一緒にいるうちに顔見知りになり、仲良くなる。男女比率はおおよそ3対7、圧倒的に女の子のほうが多かった。

「報道で未成年、未成年って書かれちゃったから警察が本気で動き出した。当時、集まっていたトー横キッズは家庭環境に問題がある子が比較的、多かった。誰がどう判断しても虐待って子とか、ネグレクトもあるし、親が再婚とか。家庭に大なり小なり問題があるって子が過半数でした。みんな家に帰りたくないから歌舞伎町に来て帰らない」

　トー横キッズで健斗くんのように実家が近く、家庭に問題がない子どもは少ない。多くのトー横キッズは埼玉や北関東、また東北など、地方都市や地方から逃げてきていた。

「自分は実家通いで安定しているので、常に一歩引いて見ていた。自分と似たような、環境が安定している男の子が来たとしても、ほとんどが1週間くらいで来なくなる。理由はトー横に来る必要がないから。すぐにつながりができるあの環境で、みんなでお酒飲んだりするのはすごく楽しい。誰でも友達ができるし、知り合いもたくさん広がる。でも長期的に留まる人はいない。冷静に考えると、行き場所がない未成年の集まりなのでまともな世界ではなかった」

　何がまともじゃないの？　と訊ねる。

「トー横にいる女の子たちは、売春でお金をつくって地雷男子とか男に貢ぐ」

　健斗くんは、そう言う。宮野寧々が言っていた「貢いでいたから」という言葉が思い浮かんだ。

「地雷男子」とはTikTokなどに出没する中性的な男の子たちのことだ。若者と未成年の集まりであるトー横キッズのなかで、地雷男子は女の子たちから人気を集めていた。トー横キッズの未成年のなかでも「貢ぎ」は常態化していたようだ。

女子比率が圧倒的に高いトー横キッズで、女の子たちはこぞって当たり前のように売春してお金をつくる。そして、そのお金は同じ境遇の地雷男子に流れていく。それが未成年のトー横キッズたちの男女関係の普通の形だったようだ。

「未成年の男の子は何もできない、未成年の女の子は売春しかお金をつくりようがない。だから、女の子の収入はほぼ全員がそれです。去年トー横が盛り上がっていた頃の未成年は、ほぼ全員が売春していました。それぞれがツイッターで客を見つけて、『おぢ』と待ち合わせてホテルに行く。男の子たちは女の子が稼いだお金を貢いでもらう。未成年のカップルはみんなそういう関係」

「おぢ」とは売春客のことをいう。トー横キッズやZ世代の女の子たちの共通語だ。

「売春して精神的にダメージを受けちゃう子は、せいぜい2割くらい。トー横の場所が楽しいのと、家に帰りたくないって気持ちのほうが大きい。だから、ほとんどの女の子は嫌でもなんとか乗り切る。おぢと(セックスを)するのは嫌だけど、2、3回やって慣れちゃったみたいなのが普通。プロになっちゃう」

売春を繰り返していれば、慣れる。慣れれば夜職の女の子たちと変わらない。未成年の女の子たちは買春男を相手にして稼いだお金で生活しながら、お気に入りの地雷男子に貢いだり、ブランド物を買ったり、遊興費として使った。

売春代は一回3万円程度と大して高くなく、稼いだお金はその日になくなってしまう。

ハウルという男の正体

報道の影響で2021年の夏休み期間から、頻繁に警察が補導に来た。その影響で夏休みには未成年だらけだったトー横は、年末になると未成年らしき子どもたちの姿はなくなっていた。

「誰かが来なくなっても、新しく来る子がたくさんいた。人数は変わらなかった。女の子たちがトー横に来る目的は地雷男子。まず警察がしつこく補導に来て、地雷男子が歌舞伎町からだんだん消えていった。理由は補導されて家に戻されたくないとか、彼女ができたとか、いろいろ。だんだんと男が少なくなって、女の子も来なくなって、それでトー横は下火になった」

トー横で補導された女の子たちは、家に帰って普通の中学生に戻ったり、一人暮らしする大人の家に逃げて居候したり、たまり場が地元になったりと、それぞれだったという。

「そもそもトー横は未成年の女の子に囲まれる未成年の地雷男子がいるというのが基本、1人の地雷男子に5人くらいの女の子が常についているみたいな感じ。そんなグループがいくつもあるみたいな。そこに大人のハウルが現れて当事者ぶった、みたいな構図でした」

トー横を語るうえで欠かせない「ハウル」の話が出てくる。

ハウルとは2022年6月22日、当時16歳の未成年女性に対する淫行で逮捕された小川雅朝被告のことだ。小川容疑者はハウル・カラシニコフと名乗り、2021年6月に未成年のトー横キッズを支援する「歌舞伎町卍會」を結成、総会長を務めていた。

「卍會は最初から清掃団体と言っていました。いま広場はめちゃめちゃ汚いけど、当時はそんな汚くもなかった。掃除は団体を立ち上げるための大義名分。入会資格はハウルが気に入るか入らないかだけ。メンバーに40代、50代のおじさんもたくさんいた。やっていたことはトー横キッズの相談・援助とか、食事提供とか。未成年の集まりなのでトラブルは何かしら起こる。恋愛関係だったり、お金のこととか。それを卍會の大人たちが解決するみたいな関係でした」

トー横キッズを支援する歌舞伎町卍會を立ち上げたハウルは、歌舞伎町の新宿東宝ビル周辺とシネシティ広場をだんだんと仕切るようになった。気に入らない者が立ち入れば脅して追い返し、未成年の女の子や地雷男子に対して貢ぎや貢がれを禁止した。

「彼はあまり誰にも慕われてはなかった。たぶん未成年の女の子と仲良くなりたいとか、何も知らない未成年を支配したいとか、そんな目的だったと思う。去年の夏なら女の子と仲良くなって肉体関係を持つとか、誰でもできる環境だった。ハウルは女の子たちに売春は悪いとか、地雷男子に貢ぐのはよくないとか言いながら、自分が『うちに猫を見に来ないか』って、未成年の女の子を誘っていた」

ハウルは未成年の女の子の売春や、貢がれる地雷男子の行動を時に恫喝して禁止しながら、自分は「未成年の女の子を誘って肉体関係になって、自分も女の子から貢がれていた」ということのようだ。

「ハウルはダブルスタンダードでした。だから、みんなハウルを嫌っていた。東新宿か大久保に住んでいて、いろんな女の子が泊まりに行っている。みんな、禁止しながら自分がヤルからダサいよねって。嫌われた理由は、それがいちばん大きい。独善を押しつけるタイプ。ハウルは揉めた相手に対し、トー横とか広場に入れさせないとか、嫌がらせした。加害性がある人にそれをやるならまだしも、本当に飲んでいるだけの人にやるから。反感をすごく買っていた」

殺人事件と狂った大人たち

2021年夏以降、ハウルや歌舞伎町卍會がトー横やシネシティ広場を支配し影響力を強めるなかで、殺人事件が起こった。

2021年11月27日、歌舞伎町卍會のメンバーだったホームレスの氏家彰さん（当時43歳）が4人の若者にリンチを受けて死亡した。この事件で26歳、24歳の成人男性と2人の少年が逮捕されている。送検される模様が報道されたが、主犯である2人の成人男性はいかにも不良といった風貌だった。

事件現場は〝歌舞伎町の魔窟〟と呼ばれる星座館ビルの屋上だった。星座館は歌舞伎町の区役所通りにある大きな雑居ビルである。

「あの事件にトー横キッズは誰一人、関係していなかった。被害者も加害者も卍會のメンバー。加害者は全員やんちゃだったり、あれな人たち。輩です。卍會はヤバイ人がたくさんいた。リンチは男子中学生の喧嘩のノリ。気にくわないとか、そういう理由。卍會ができてからトー横界隈に輩っぽい人が増えて、小学生と遊んでいる中学生みたいな感じというか。現実の不良社会では大きな顔をできないから、未成年相手に威張りたいみたいな人ばかりだった」

ハウルを頂点とする卍會メンバーの多くは、支援活動を名目としつつ、「何もわからない家出少年や家出少女を相手に自分の王国をつくりたい」という意識を持っていたようだ。卍會の成人メンバーにはハウルと同じく、支援しながらも本心では未成年の女の子たちを狙っていた者も少なくなく、地雷男子のように未成年の女の子たちに貢がせる卍會メンバーもたくさんいたという。

「卍會ができる前のトー横は、未成年ばかりの楽しい場だった。けど卍會ができてから輩みたいなのがどんどん入ってきて、おかしくなった。無害な人間に対しても一方的に嫌がらせして排除とか。ハウルは統治者としての能力が低かった。あと器が小さかった。女の子たちに対しても自分に貢ぐのはいいけど、他の男に貢ぐ女の子は嫌っていた。露骨にヤキモチを焼く、そういう人」

詳細は後述するが、女の子が男にお金を払うことが常態化しているいまの歌舞伎町は、これまでどこの繁華街でも聞いたことがない様相を呈していた。

支援者と自称して近づいた成人男性が未成年の女の子に売春をさせて、そのお金を貢がせる。それは昭和や平成時代に頻繁に見られた暴力団関係者や不良が、自分の恋人や配偶者を風俗に沈めたり、売春をさせる〝ヒモ〟的な行為とは明らかに違う。

未成年を食い物にする異常な世界

死者や淫行の逮捕者を出したトー横界隈を冷静に見続けた健斗くんは、そんな大人たちをどう思って見ていたのだろうか。

「一応、日本が先進国と定義したうえで、中学生とか高校生の未成年の女の子を大人の男が色恋をかけてカラダの関係を持って、恋愛状態にさせて、子どもに売春をさせて貢がせるってことを集団としてやっているのは、世界的に見てもトー横界隈しかないんじゃないですか。異常な世界だと思う」

未成年のトー横キッズの相談・援助や食料支援をしていたハウルは、女の子たちの地雷男子への貢ぎをホストみたいだと憤り、警察代わりになってその行為を取り締まった。しかし、ハウル自身は自分が貢がれることは「よし」とした。そして、最終的には殺人と淫行が引金となって、トー横界隈は崩壊している。

「ハウルの周りにいた女の子は、ホストの担当と姫みたいな関係じゃなく、普通寄りの女の子だった。彼氏彼女みたいな対等な立場だった。それでたくさんの女の子と、ホストみたいなリアコじゃなくて、普通に恋人同士みたいになって浮気しまくったから問題が起こった」

リアコとは「リアルに恋をする」という意味で、ホストでいうと姫と同じ意味という。これもトー横界隈の共通語だ。

「ハウルは一般人の恋愛みたいな感じで中高生と関係を持ったから、女の子たちに憎まれた。

それで訴えられた。普段からそういうことをしていたから、ざまあみたいに思っている人もたくさんいる。いいこともしていたから一方的に悪人とは思わないけど、偽善と独善が強すぎたことが失敗を生みました」

ハウルの逮捕によって名を轟かせたトー横界隈は終わった。

いまトー横に行っても、去年まで健斗くんが一緒にいた知り合いや仲間たちは、ほとんどいない。歌舞伎町は常に人が入れ替わる。トー横キッズ第二世代、歌舞伎町卍會の第二世代が誕生したという噂も聞くが、離れてしまった健斗くんはトー横キッズ第二世代のことは「詳しくはわからない」と言う。

第二章　絶望の地下アイドル

歌舞伎町の主役はZ世代に

劇場通りをもう少し歩く。新宿東宝ビルを通りすぎると、急に路幅が広がる。

新宿東宝ビルに掲げられた巨大ディスプレイ看板と、すべてのビルディングが掲げる無数のネオン看板のデイライト色の光が広い路上を照らして、まるでステージ上のように明るい。まぶしい路上は若者たちだらけだ。どこか目的地に向かう者、仲間たちと楽しそうに笑い合う者、路上で飲酒する者とさまざまだ。

路幅が広い劇場通りとシネシティ広場前は、まさに歌舞伎町のど真ん中といえる。路上には昭和や平成時代には主役だったサラリーマンやおっさん、素行の悪そうな不良の姿はない。周囲のどこを眺めても、スマホを片手に持ったZ世代の若者たちが群れとなってごった返している。

Z世代とは、ゆとり世代（1987年〜95年生まれ）のひとつ下の世代を指す。1996年以降に生まれた若者たちで、子どもの頃からスマホを使って、TikTokを流行らせた世代のことをいう。

歌舞伎町は暴力団を追放し、国際交流都市を目指して再開発された。生まれ変わった歌舞伎町の主役はZ世代の若者たちになっていた。

路肩には手書きで「飲み放題60分3000円」の看板をぶらさげたコンカフェの店員たちがズラリと並ぶ。路上で客引きをする女の子はメイドやシンデレラ、動物のコスプレ姿、男の子は執事や忍者のコスプレや和服姿だった。

コンカフェとは特定のテーマを掲げたコンセプト・カフェのこと。店員と談笑しながらお酒を楽しんだり、店員とチェキ撮影サービスができる。コンカフェには女性店員目当ての男性が集い、メンズコンカフェには男性店員目当ての女性が集う。未成年の来店も歓迎しており、最近は未成年の女の子たちのメンズコンカフェ通いが一部のメディアで問題になっている。

コンカフェのシステムは店それぞれだが、総じて客引きの店員が掲げる「金額ポッキリ」では終わらない。お目当ての店員たちにお酒やチェキ撮影をねだられ、さらにシャンパンを入れたりすると、金額は加算されて料金は跳ね上がる。

コンカフェでは、主に本業だけでは生活ができない地下アイドル、メンズコンカフェはメンズ地下アイドルが働く。

地下アイドルとはライブハウスなどの小規模なステージで歌や踊りを披露するアイドルのことで、筆者の世代でたとえるなら1980年代のバンドブーム時のバンドに近い。当時は有象無象のライブハウスバンドが生まれ、ほんの一握りの才能と動員力のあるバンドだけがメジャー進出した。地下アイドルとは、大きな動員が見込めないインディーズで活動するアイドルのことを指している。

地下アイドルが働くコンカフェにはファンが集まる。飲食店というより、ファンビジネスなので当然のように看板に掲げる以上のお金が動く。いま歌舞伎町にはコンカフェが激増している。売れないアイドルたちとそのファンが歌舞伎町に集まっているのだ。

この章ではここ数年で急増した歌舞伎町にいる売れないアイドルたちの実態と、彼女たちがどのような人物で、どのような生活をしているのかを書いていく。

先日までコンカフェ経営者だった地下アイドル・白玉あも(39歳)の話から始めたい。白玉あもはメンヘラアイドル＝プロメンヘラを自称する〝メンヘラ系地下アイドル〟である。

彼女は40歳を目前にして地下アイドルとして生きていくことが、年々苦しくなっていた。打開策として2020年9月、会員制のコンセプト・カフェ「ロリカルト教」をオープンした。しばらくは自身のSNSで順調な経営を報告していた。しかし、2021年5月にひっそりとクローズさせている。

ロリカルト教は、歌舞伎町にある風林会館裏の路面店という抜群の立地で営業していた。しかし、いま看板は撤去されてまったく別の飲食店が営業している。

歌舞伎町とサイコパス

いまから1年半前の2021年6月。西武新宿駅前にある老舗喫茶店で、ロリカルト教を閉店させた白玉あもに「事情」を聞いている。

その老舗喫茶店は、若者たちが集うシネシティ広場横の路地から2分も歩かない場所だが中に入ると若者は誰もいない。中年を中心とした客層はガラが悪く、喫煙席は輩風の中年男性や水商売風の女性で埋まる。輩風の中年男性は、白昼堂々と大きな声で犯罪の話をしていた。

「ロリカルト教は潰しちゃいました。実はサイコパス被害に遭って。ロリカルト教は彼氏に勧められて一緒に出したお店でした」

白玉あもは溜息をつきながらそう漏らす。ロリカルト教を共同経営した恋人が歌舞伎町で生きるサイコパスで、恋愛も店舗も破綻したという。

歌舞伎町とサイコパスは、どう考えても相性がいい。

サイコパスとは反社会性人格障害者とも呼ばれる、良心のない異常性格者のことだ。来る者を拒まない歌舞伎町と、異常性格者であり一般社会で生きるのが難しいサイコパスの相性がいいことは容易に想像がつく。

サイコパスはアメリカに比べると日本を含む東アジア地域には圧倒的に少ない。日本人では250人に1人(アメリカは25人に1人)といわれている。中学や高校の同級生の学年に1人、小規模校だったら学校に1人という計算になる。

主に都市部に生息し、具体的には「虚言癖があって良心がなく、他人を操ることに長けている」性格で、口達者、人心掌握に長けた人物で、異性にモテるなど人気者であることが多く、人に対して害を加えることに躊躇がない。サイコパスにターゲットにされて深く関わると、必ず何かしらの被害を受ける。

筆者はアダルトビデオ業界でサイコパス被害の経験がある。アダルトビデオ業界は一般社会で働けない者が集まる傾向がある。業界の有名なサイコパスにターゲットにされた筆者は、ひどい経験をした。結局、加害サイコパスはのちに何度も逮捕されたが、被害経験のある筆者はサイコパスには詳しいと自負している。

数年前からサイコパスという言葉が独り歩きして一般にも広がっている。誰もが気軽に「サイコパス」という言葉を使う。彼女の被害は本当にサイコパス被害だろうかと注意深く聞いていく。

フリーのホスト&ジゴロ

「その彼氏との出会いは、去年（2020年）5月くらい。ちょうどコロナで暇だった。で、配信ライブしていたときに、たまたま配信を見に来た人で、メッセージが来て歌舞伎町に住んでいるって。相手の顔とか経営する会社もわかったから大丈夫かなと思って誘われて会った。最初は食事したけど、紳士的な普通の人だと思いました」

彼氏の名前を竜太郎（仮名、37歳）としよう。竜太郎は18歳から歌舞伎町のホストになり、20歳で自分のホストクラブを持ったやり手だという。現在はキャバ嬢を相手にフリーのホスト&ジゴロをしながら、歌舞伎町でバー、ラウンジ、ラーメン店を経営している。店舗では人を働かして利益を上げて、自分はフリーのジゴロとして複数の水商売女性と恋愛したり、セックスしたりして報酬をもらっている。

「全身刺青だらけでギラギラした感じ。最初は話していて面白かったし、夜に会ったときと昼間のときとは雰囲気が全然違って、夜は〝歌舞伎町の男〟みたいな印象だった。私ヤリマンだから、夜飲む＝適当にヤラれて終わりかなって思っていたけど、竜太郎は朝まで飲んでもヤラなかった。向こうの家に行って、好きだって告白されて、その日から付き合うようになった」

2020年5月、緊急事態宣言が発出され歌舞伎町が混乱するなか、全身和彫りの竜太郎と付き合うようになった。

緊急事態宣言とコロナ禍はイベントで稼ぐアイドル活動を直撃した。さらに営業自粛でコンカフェやガールズバーのアルバイトもダメになり、収入は激減。回復の見込みすら立たなかった。

「コロナで無収入みたいになって、彼に『もう37歳だし、人に堂々と言える仕事をしたほうがいい』って言われた。精神疾患もあるし、いまさら就職は無理って言ったら、歌舞伎町にコンカフェを出せばいいじゃんってなった」

店を出せるほどの貯金はないし、「無理」と言ったが、竜太郎はノリ気だった。竜太郎は歌舞伎町で空き店舗を探し、風林会館裏という抜群の立地の物件を見つけてきた。

「バイトの女の子募集はとか、制服どうするのとか、彼はどんどん動き始めた。コロナでファンの人と会う機会もまったくなくなっていたし、お金を出してもらってお店ができるならいいかなって思うようになった。ロリカルト教って店名を考えて、働いてくれる女の子も見つかった」

水商売や飲食店経営に長けている竜太郎が動いたことで、コンカフェは本当にすぐにオープンとなった。

すべてのお金がサイコパスに

２０２０年の歌舞伎町は、度重なる緊急事態宣言と小池百合子都知事に「ナイトクラブ」が名指しで感染源とされたことで訪れる客は激減していた。コンカフェ「ロリカルト教」はそんな歌舞伎町が危機的な状態のときにオープンしている。

２０２０年９月、ロリカルト教は初月から２５０万円を売り上げた。

ホストクラブが密集する歌舞伎町二丁目は自粛要請や批判を受けても、感染のクラスターを出しても、営業を続ける店が続出していた。ホストクラブが営業すれば女の子たちも集まる。ホストの密集地である風林会館裏に出店したロリカルト教は、最高の立地で営業していた。

ロリカルト教は地下アイドル仲間が店員として働き、ファンのオタクや飲む場所を失った人たちが続々来店して経営は順調だった。緊急事態宣言で働く場所を失った地下アイドルの女の子たちをアルバイトで使いながら、その盛況ぶりはツイッターで毎日発信された。

しかし、金主で共同経営者の竜太郎は、売り上げが順調になってから、どんどんとおかしな動きを見せるようになる。

まず、歌舞伎町の不動産屋で物件の契約をしたときのことだ。契約者の名義は彼女の本名で連帯保証人は竜太郎だった。宅地建物取引主任者による重要事項説明で「賃料20万円」と説明されている。

「家賃や経費の支払いやお金の管理は彼がするって言い出して、使えるお金は家賃や経費を総売上から差し引いて渡された。『これ、お前が俺に払うお金』ってリストを見たとき賃料50万円って書いてあった。あれって思った。ちょいちょいおかしい項目はあったけど、そのときはすでに彼に洗脳されてて、もうおかしくなっていた。冷静な判断ができなかった」

この頃、友だちから竜太郎と付き合ってから様子がおかしい、洗脳されていると指摘されていた。彼女はそう言われても、そのときは意味がわからなかった。

サイコパスはターゲットを虚言や恐怖で支配し、上下関係をつくって洗脳していく。聞いていると、彼女の被害は本当にサイコパス被害だった。

「すでに、この人には逆らえないって関係性になっていた。家賃50万円って提示されても、その金額を払えば文句を言われないって思った。モラハラは付き合ってすぐ始まって、デートしてもご飯に行っても、向こうは好きなものを食べる。焼肉とかステーキとか。でも、私には『お前はデブだから食うな』ってサラダの葉っぱ2枚とか」

竜太郎は肉が好きだった。デートではよく焼肉やしゃぶしゃぶに行った。しゃぶしゃぶに行くと竜太郎は国産牛肉を食べまくる。しかし、彼女に与えられるのは白菜の芯と春雨だけ。それで支払いは彼女が全額負担、ということが続いた。

「ＬＩＮＥも『おはよう』とか来るんじゃなく『いま何キロ？』って。体重の減りが遅かったりすると、隠れて何か食べているだろうとか。なんで痩せないの、俺に会いたくないのとか」

竜太郎に嫌われたくない、怒られたくない一心でダイエットした。実際に付き合い始めて１カ月で10キロ以上痩せている。

「本格的におかしくなったのは、今年（２０２１年）に入って（コロナの影響で）昼営業になって売り上げが激減してから。すごく高い経費はずっと取られ続けて、収入もすごく高額な経費と人件費を除いた純利益から彼氏が４割取っていった。その残りが私みたいな。だから月収は調子がいいときでも30万～40万円程度、２回目の緊急事態宣言で売り上げが下がってからは赤字で、貯金を切り崩した」

ロリカルト教を開店するとき、それまで住んでいた中野区のアパートから竜太郎が持つ歌舞伎町二丁目のマンションに引っ越している。

「歌舞伎町とか東新宿に彼名義の物件がいくつかあって、ホストの寮とか、ラーメン屋の店長が住むとか、そういう使い方をしていた。私は彼と出会う前までは中野に住んでいたけど、歌舞伎町で店やるし、タクシー代ももったいない。歌舞伎町に引っ越してくれれば、みたいな。中野の家賃を聞かれて10万円って言うと、じゃあ、俺のマンションも10万円でいいよって」

竜太郎が経営する店の主要人物は、彼女と同じく、歌舞伎町で暮らしながら竜太郎の支配下に置かれていた。家を押さえられると、行動や生活に制限がかかって身動きがとれなくなる。逃げ場がなくなる。

付き合ってからお金の負担も変わった。出会って最初の頃のデート代は竜太郎が出してくれたが、付き合ってからはすべて彼女の負担となった。モラハラによって上下関係がはっきりしているので文句は言えない。怖くて不安や不満があっても、何も言うことができなかった。

恋愛だけではなく、住所を竜太郎の所有する物件に移し、仕事も一緒にすることになってがんじがらめとなった。実際より高額な経費を請求されたうえ、金主である竜太郎への報酬、家賃、デート費用と、どんどんとお金を取られていく。

最終的にはドライブデートのときの竜太郎の運転代まで加算され、ファンたちがロリカルト教に通って、安くはないお金を使う収入のすべてが竜太郎に流れていくシステムができあがっていた。

300万円の貯金もなくなった

いま（2021年6月）彼女は、LINEをブロックして竜太郎から逃げている。老舗喫茶店に人が出入りするたびに話が止まり、目線を移して竜太郎ではないかと確認している。

「歌舞伎町に引っ越したあたりから、逃げ場がなくなった。よくよく考えると、彼は、彼以外の人間と私を接触させたくなかった。私が店を休んでも、友だちに会うのは禁止だったし、アイドル活動の所属事務所があるけど事務所に行くのも禁止された。全然遊べないから友だちがお店に来てくれた。でも、終わったあとにご飯に行くのは禁止。完全に人間関係を絶たれた」

人間関係を絶たせた理由は、情報遮断し、支配関係を維持するためだろう。他人に会わせると情報が入るので、いずれおかしな現実に気づかれてしまう。竜太郎だけでなく、サイコパスが支配下にある人間に対して必ず使う手口だ。

「精神科の通院も禁止。カウンセリングを受けたら、医者に彼と距離置くように言われるじゃないですか。ロリカルト教を開店してから本当に彼以外に接触できなくなった。彼と関わる前は貯金が300万円くらいあったけど、昼営業になって売り上げが下がっても彼にはお金を取られたので、貯金はきれいになくなってしまいました。最終的に家賃も払えないくらいギリギリになって、（2021年）3月末に支給された東京都の協力金頼りでした」

東京都の営業時間短縮協力金は、ギリギリの生活を切り抜ける最後の望みだった。彼女の名義で手続きしたので一日6万円、月186万円が入る予定だった。

「彼に『税理士に通す必要があるから、俺が（協力金の対応を）やる』って言われて、通帳とカード、全部預けた。嫌だったけど、怖いから断れない。しばらくしてお金が全部抜かれた状態で返された。20万円しか残ってなくて、そこからさらに毎月のなんとか代でいますぐ10万円持って来いって。お金ないよって言ったけど、さっきキャッシュカード返しただろ、そこから下ろせって。もう、無理だよと思いました。お金が払えないので電話がしつこくて、彼と離れたい気持ちが強くなった」

彼女が逃げようとすると、竜太郎はどんどん追いかけてくる。

サイコパス濃度が異常に高い街

2021年4月末、タンクトップ姿で和彫りをモロに出した竜太郎がロリカルト教に乗り込んで来たことがあった。

ドアを蹴り上げて入って来て、数人のオタク客がいる前で「お前、早く金を持って来いって言っただろう!」と恫喝。彼女と居合わせたオタクは恐怖で震えた。しかし、もうお金は持っていない。ないので、一銭も支払えない。閉店後、歌舞伎町に引っ越して初めて家に帰らなかった。竜太郎と出会う以前に仲がよかったセックスフレンドに久しぶりに連絡し、新宿駅から電車に乗ってほぼ半年ぶりに歌舞伎町から出た。

「もうしんどかったので、友だちと会った。友だちといってもセフレだけど。セックスでストレス発散しました。そうしたらセフレが彼氏のことを異常だよ、狂っている、警察に行こうって言ってくれた。セックスしたあとだったこともあって、目が覚めたというか。洗脳が解けました」

2021年5月上旬、ロリカルト教で「白玉あも生誕祭」が開催予定だった。でも、逃げた。竜太郎から誕生日を祝ってやると何度もLINEが来たが、覚悟を決めてブロックしている。

「結局、全部奪われて何も残らなかった。いまはウィークリーマンションでその日暮らし」

サイコパスは遠い場所にいる異常者と思っている人がほとんどだ。しかし、すぐ隣にいる。とくに誰でも受け入れる歌舞伎町のような特殊な場所では、本当にすぐ目の前にいる。

歌舞伎町に足を踏み入れれば、気づかぬうちに支配され、気づけば取り返しのつかない被害に遭う。そんな経験をしているのは彼女だけではない。

仕事と時間と貯金を奪われた白玉あもは、きっちり人間関係を断絶したのでまだ軽傷だろう。最悪なケースだと操られて犯罪加害者になり、刑務所に送られたりする。

歌舞伎町は一般社会で生きることができない者が漂流し、生息している。化け物だらけの〝サイコパス天国〟だといえる。

必ず誰かに害を及ぼすサイコパスの人生や生活はトラブルまみれであり、一般社会で安定して普通に暮らすことはできない。普通でない人々が集まる歌舞伎町は、サイコパスが濃度の高い街なのだ。

生活保護を受給するメンヘラカフェ店員

ロリカルト教で働いていた女の子が貧困女子というので白玉あもに紹介してもらった。

織田夢希（仮名、35歳）は地下アイドルでは食べていけず、閉店するまでロリカルト教で働いていた。メンヘラでアイドルというコンセプトのコンカフェだったので、織田夢希にはぴったりだった。

「5年前から生活保護。18歳のときに精神科にかかって、最初の先生からはさじを投げられました。18歳のときに難病にもかかって、地元の九州に帰ることになった。一生完治しないって。田舎は何もすることがないし、町で噂になっちゃうので精神科にもかかりづらい。結局、また上京した。いまは生活保護受けながら埼玉に住んでいます」

織田夢希は細すぎるほど、細かった。そして声が小さい。エネルギーみたいなものは何も感じなく、表情もまったく変わらない。大袈裟に言うと幽霊と話しているような感覚で、声が拾えるようにICレコーダーを口もとにまで近づける。

ロリカルト教での賃金は時給1000円だった。最低賃金を割っていて深夜割り増しもなかった。労働条件はよくないが、他に行き場所がなかったので織田夢希はなんの不満もなかったし、同僚の誰も辞めなかった。

「5年前に歌舞伎町のガールズバーで働いたけど、鬱状態がひどすぎて続けられなかった。埼京線の出勤途中に泣いたり、仕事中にパニック起こしたり。あまりにひどいので病院に行って、先生と話しているとき、働ける状況じゃないって生活保護になりました」

メンヘラコンセプト・カフェの常連客は、女性経験の少ないオタク男性が中心だった。病んでいる彼女たちを救ってあげたいという気持ちがあるようで、織田夢希は男性客に貧困生活や病んでいる苦境を語って、たまに同情するオタクがシャンパンを入れてくれた。

35歳なのでメンヘラ歴も店内でいちばん長かった。月8万円程度の生活保護費ではお金が足りないので、無理して歌舞伎町で働いた。

「最初は鬱と境界性人格障害。いまメインで治療しているのは鬱と摂食障害。中学2年のときからリストカットをしまくって、高校2年のときから躁鬱みたいになって、全然治らないのでその延長でずっと。母子家庭だったので高校生になってからバイトして、学校とバイトと不眠症でまったく眠れなくなって本当におかしくなりました」

暗黒の高校時代

出身は九州の田舎。シングル家庭で母親はホステスだった。

「病んでおかしくなったきっかけは中学のとき、男子にブスとかデブとか気持ち悪いとか言われ続けたから。中学時代は体重60キロで自分を嫌いすぎた」

自分の顔で嫌いなのは、鼻が低いのと正面から鼻の穴が見えるのと、鼻と唇の距離が短いこと。それに、ほうれい線があって老けて見られるのが耐えられないという。

「いまも自分の顔は嫌。正直、コロナのおかげで一年中マスクをして歩ける、すごくいい。外側に発散できる子は不良系に走るけど、私は登校拒否、みたいな。非行に走って周りに迷惑をかけるくらいなら、自分に全部ぶつけようと思ったのがリストカット。それから止まらなくなった」

貧困のシングル家庭の子どもは、高校生になったら自立を求められる傾向がある。学校とアルバイトを両立して、絶対に痩せなきゃとさらに市営のジムに通った。

「高校生のときにダイエットと学校とバイトで忙しくて、本格的に頭がおかしくなった。毎日、リストカット。一緒に住んでいた母親も弟も知っていたけど、やめられなかった。一度、いつも切っているカミソリじゃなくて、新製品のカミソリを使った。いつものようにさっと切ったつもりが、切れすぎて動脈を切っちゃった。血が1メートルくらい噴き出して部屋中が血まみれになった。救急車を呼ぶわけじゃなくて、何時間も血を掃除して気絶するみたいに倒れて、本当に自分がおかしくなっていることを自覚しました」

高校2年のとき、近隣や同級生にバレないように隠れながら精神科を受診。鬱と境界性人格障害の併発と診断された。

「そのとき、精神病を治すために恋愛しようと思った。陰キャじゃなくて青春ドラマみたいな生活を送りたいって。好きな先輩がいて、勇気を出して告白した。友達になってくださいって。結局、うまくいかなくて、避けられるようになって。それでも諦めないで卒業式のときに花束を持って、勇気を出して『大好きです、付き合ってください！』って告白した。玉砕したけど、相手は2年後に成人式があるから会おうって約束してくれた。高校卒業してからそれを糧にダイエットとかバイトを頑張った。でも成人式のとき、その人は待ち合わせ場所に来なかった」

成人式が行われた夜、織田夢希は先輩と約束した待ち合わせ場所で、4時間以上も立ち尽くしていたという。

歌舞伎町の裏風俗で処女喪失

高校を卒業して、織田夢希は上京した。専門学校のお金は母親が払ってくれた。

「学生時代は精神状態が安定しているっていったらおかしいけど、安定剤を飲んで普通に生活できた。薬を飲まないと意欲が全然わかなくて、ただ家に引きこもるみたいな感じ。東京でおかしくなったのは二十歳のとき。母親が死んでさらに大動脈炎症候群って難病にかかってから。母親はアパートの階段から落ちて死んじゃった」

母親が死んでしまったとき、九州のアパートにいた。朝方、アパートのドアを何度も叩く音が聞こえた。ドアを叩いているのは隣の住人で、階段の下で人が倒れているという。行ってみると、母親が仰向けになって死んでいた。勤務するスナックで泥酔して帰宅し、階段から落ちたようだった。

「母親が死んで難病になって、自暴自棄になった。完治しないって。そのときも鬱があって、難病で血管が炎症を起こすからステロイド薬を飲んでいて、免疫力は下がっていて、いろんな病気になりやすかった。東京生活を一度諦めて、地元に戻って2週間くらいで母親が死んで、もう一度東京に戻ろうと思った。お金もないし、自暴自棄になっていたこともあって歌舞伎町のキャバクラに応募した」

キャバクラは広告だけで、実際はおっぱいパブだった。加齢臭のキツい中年男性に狂ったようにおっぱいを揉まれる。嫌だったが、断って新しい仕事を探すのが面倒だったので、そのまま働くことにした。

「処女のままおっぱいパブで働いて、初めて男性に触られた。気持ち悪いなって思うこともあったけど、慣れたあとは基本的に何も思わなかった。半年くらいで何もわからないまま系列の裏風俗店に異動させられて、処女喪失がそのときでした」

裏風俗店異動になったその日に、店の経営者にラブホテルに行くように言われた。ホテルの部屋にはタオル一枚姿の50代であろうハゲオヤジが待っていた。ハゲオヤジは臭かった。

臭い臭いと思っているうちに抱きつかれて、押し倒されて生挿入された。ハゲオヤジは腰を振りながら「AVみたいに出したい！」と、織田夢希の顔面に精液を浴びせた。それが初体験だった。

「そのとき、あそこから血が出て止まらなかった。おじさんもびっくりして、まさか処女だったとはって。早くおじさんと離れたかったから『大丈夫です、大丈夫です』って言いました。本当に血が止まらなくて、股から血を流しながら受付に戻って1万円を渡された。その店は一人ついて1万円ってとこで。本番が違法って知ったのはだいぶ経ってから。他に行くあてもないし、処女喪失しちゃったし、辞めるって言ったらたぶん脅されるし、そのまま裏風俗嬢を続けました」

病んでいる精神状態も、血管の難病も治らない。鬱やリストカットを抱えて裏風俗嬢を続けた。そして、気づいたら10年以上が経っていた。5年前に生活保護を受けて、メンヘラがテーマのコンカフェ、ロリカルト教で働いていた。

毎日、歌舞伎町で働いていたのでたまに恋人ができる。しかし、歌舞伎町で知り合った男からはお金を盗られたり、カラダだけの関係だったりで、半年間以上継続した経験はない。20代後半からリストカットはしなくなったが、拒食が始まった。中学生のときに60キロあった体重は、最悪のときで27キロまで落ちた。いまもまだ危険水域である35キロだった。

「月に一度通院しています。主治医はあと2キロ体重が落ちたら入院だって。拒食っていうか、太りたくないって強迫観念のせいで何日間も何も食べなかったり。そんな感じ。実際にお米はもう何年も食べてなくて、主食はアイスクリームです」

上京してからの食生活はコンビニのアイスクリームがメインだ。たまにカップスープを食べる。

「カップスープは2日に一度くらい買います。昨日も仕事して深夜営業やって、片づけとかすると食欲より眠くなる。疲れて。お店の閉め作業とかして、お店で寝泊りなので。ちょっと食べたいなって春雨スープを買った。けど、春雨が喉を通らなくてスープだけ。春雨を喉に通すのが面倒くさいみたいな。そんな感じ」

たまに空腹は感じる。でも、何か食べようとすると中学のときにブス、デブと言われたトラウマが蘇る。咀嚼《そしゃく》はしても飲み込むのは躊躇《ちゅうちょ》する。

「でも、アイスはいくらでも食べられます。ピノが好きかな。あとお金があるときはハーゲンダッツ。雪見だいふくは餅があるので食べる気が起こらない」

エネルギーを感じない声の小さな織田夢希が、再び体重が20キロ台になって生死を彷徨うのも、時間の問題かもしれない。

陰鬱で不気味な4人の客

2022年9月、久しぶりに白玉あもから連絡があった。歌舞伎町のあるバーで一日店長をするという。西武新宿駅沿いの雑居ビルにある小さなバーだった。入店すると、すでに4人の男性客がいた。

店の扉を開けると、得体のしれないマイナスオーラが漂っている。「いらっしゃーい!」と笑顔で迎える白玉あもは明るく華やかだが、彼女をじーっと眺める取り巻き男性客たちが、とにかく陰鬱で不気味なのだ。

店内はバーカウンターに居酒屋のような座敷席がある。4人の男性客は1人がカウンター、3人が座敷席のそれぞれの席に一人で座っていた。

ひとりは40代作業着姿の男、痩身のハゲで前歯がない。もうひとりは40代小太り、髪の毛は油まみれだ。そして、とにかくオーラが暗い30代男はずっと俯《うつむ》き、白玉あもが話しかけると少しだけ表情が緩む。あとひとりは20代後半であろうよく喋るメガネのニキビだらけの青年だ。

白玉あもは下着姿に近い肌露出の高い衣装を着ている。そして、4人の男性客を順番に回って男性たちに話しかける。彼女が話しかけると男性客の表情は一気に緩んでデレデレといった状態になる。男性たちは数十分毎に「ポラ撮ろう」と、彼女に話しかけてツーショット写真を撮っている。

ここで筆者は、地下アイドルのイベントというものに初めて参加した。5時間の営業時間内にせいぜい10~15人程度のファンが来店。一緒に飲み食いをしながら彼女と談笑し、一緒にポラを撮るという内容だった。前歯のない作業着の男は、白玉あものと撮影したポラの分厚いアルバムを大切そうに持っており、彼女と1枚撮るごとに大切にアルバムに飾る。そして、食い入るようにコレクションを眺めている。

「女と付き合ったことなんてあるわけないだろ!」

暗く総じて陰鬱な彼らは、いったい何者なのだろうか。彼女に許可をもらって男性客たちに話しかけることにした。ハゲで前歯のない作業着姿の男はノボルさん(仮名、44歳)といった。

「女と付き合ったことなんてあるわけないだろ!」

声を張り上げて、そう言う。ノボルさんは建築現場から直でこのイベントに駆けつけて、もう5枚のポラを撮っている。筆者は唐突に彼に話しかけたが、「別にいいよ」と応じてくれた。

「彼女いない歴44年だよ。相手いないし、そんなタイミングなかった。自分もけっこうオタクというか、ずっとこもり切りの生活をしていたからさ。小学校の頃からゲームばかりで、あまり外に出なかった。気づいたら、こんな年齢になっちゃったわけ」

仕事は3年前から建築系の仕事に就く。日給払いの非正規で収入は月20万円ほど。ボーナスはないので年収250万円程度。両親は健在で実家で暮らしている。いわゆる「子ども部屋おじさん」だった。

「それまではコンビニとか日雇いの派遣とか倉庫とか、いろんな仕事。ほとんどフリーターみたいなもの。コンビニのときは月13万円から多くても14万円だったから、いま収入は上がった。デスクワークとか好きじゃないし、カラダ動かすのが好きだから。別に好きでやっていることだから」

学歴は高校中退。正規職に就いた経験はない。彼女いない歴44年で低収入。オタクの子ども部屋おじさんと、現代日本で「最低」といっても過言ではないかなり厳しいスペックだった。しかし、本人は何も気にしている様子はない。

「無理して恋人をつくろうとして変なのを捕まえたら嫌だから、なるようにしかならないって。だから気にしてない。変なのっていうのは、自分と付き合ったらキャラが変わるとか。自分の好きな性格じゃない子とか。そんなのは捕まえたくないから」

ノボルさんは白玉あものサバサバした性格が好きらしく、ロリカルト教の頃から店に通って、イベントには必ず参加する。アルバムには100枚を超える白玉あもとのツーショットポラを保管。低賃金労働の刺激が少ない日々だが、毎日アルバムを眺めることを日課にしている。

「あもちゃんみたいなありのままの自分を出している子、嘘つかない子が好きなんだよ。現実にはそんな子はなかなかいないよねぇ。それに俺みたいな奴じゃ出会いないし、自分から行けないし。いいと思っても、自分からコクったりできないだろ。無理。アプリも怖い。アプリとかサクラいるだろうし、俺は絶対にやらないよ」

ノボルさんは小学校の頃から中学校まで、ずっとイジメられっ子だった。

「イジメられたのは小学校と中学校のほぼほぼ全期間。上履き隠されたとか、こづかれるとか、バカにされるとか。一度ブチ切れてそいつに椅子をぶつけたことあるけどね。でも一度だけ。女にコクったこともあるよ。中学のときに2回コクって断られた。俺みたいなネクラというか、ゲームばかりやっている人間はモテないでしょ。こんなオタクみたいなネクラな人間じゃ無理だよなって。別にフラれてもさ、なんとも思わなかったよ」

小学校、中学校の9年間をフルでイジメられ、ゲームばかりしていたので勉強もできなかった。なんとか商業高校に進学したが、授業内容がまったく理解できなくて1年間で強制退学になった。それからずっと時給か日給のアルバイトをしている。

「バイトもすぐにクビになるから、転々としているよ。若い頃は長くても半年くらい、だいたい3カ月くらいで辞めたり、クビになったり。クビになっても、次探せばいいから、そんな落ち込まない。ネガティブに考えるのはやめた。まず働かなきゃと思っているから。あまり雇用形態みたいなのにはこだわらない」

カカカカカン、カカカカカカン。

白玉あもが手持ちのベルを鳴らしている。40代小太りの男がシャンパンを入れたようだ。小太り男は「よくやったね」と彼女に頭を撫でられている。小太り男は満面の笑み。子どものような笑顔だ。シャンパンを空けるソーダ音が聞こえて、店内に陰キャたちの歓声が響いた。ノボルさんは、一応拍手をしていた。

「俺は童貞じゃないよ、素人童貞だよ。風俗にはたまに行く。行けるときな。懐具合。吉原の安い店。1万円の店を見つけたからそこに行く。高いとこは行かない。全部安いとこ。そりゃ、人生で一度くらい女と付き合いたかったけど、無理すると自分が疲れる。だからありのままで行こうって、そう決めた。こんな自分のことを好きになってくれる人がいれば、それでいいかなって」

建築現場の朝は早いようだ。シャンパンを入れたことで盛り上がっているなか、ノボルさんは白玉あもと最後に6枚目のポラを撮って帰っていった。

「ずっと孤独だし、いまも孤独です」

小太り男に話しかけた。筆者が声をかけると、不愉快そうな表情になる。

「結婚してない、何もない。結婚する気がないというか」

小太り男はサトーさん（仮名、48歳）といった。サブカルとか不思議ちゃんが好きでメンヘラアイドルの彼女を見つけたとき、「この子だ！」と思ったらしい。助けてあげたいと思ったのだろうか。

「彼女はいないし、いたことないし。彼女みたいな関係になっちゃうと、だました気になっちゃうから、フェードアウトしちゃう」

サトーさんは彼女いない歴48年。ずっと実家暮らし。なんと、彼も子ども部屋おじさんだった。仕事はＩＴ系で一般的な年収はある。そこまでは聞けたが、サトーさんとの会話は苦戦した。

「女の子に好意を持たれると、だました気になる。だから付き合わない、結婚しない。それだけのことなんだ。だましたくないんだ。だまさないの！」

サトーさんの言っていることは、何度聞いてもさっぱりわからなかった。わからないので、わからないことを伝えると、さらに不機嫌になる。

サトーさんとどう会話するか悩んでいたとき、ずっと俯き暗いオーラを放っていたタカシくん（仮名、32歳）が「僕、童貞です。僕、童貞です！」と、手を挙げながら筆者に近づいて話しかけてきた。

「僕は漫画家だったんすよ。一生懸命漫画に時間を費やしていた。その結果、20歳から27歳まで書くだけの生活、その間に青春が何もなかったので、このザマです。描くことしかできていなかった。それで27歳のときに気づいてしまった。自分って女性経験がまったくなかったって」

タカシくんは堰《せき》を切ったようにしゃべり出した。東北出身でプロ漫画家だったが、27歳のときに連載を打ち切られて仕事がダメになった。それから近所のスーパーマーケットでアルバイトをしている。時給は最低賃金なので収入は低い。

「僕、東北出身なんです。東北っていうのは人間関係がすごく薄い。そういう異常な場所から抜けだそうって東京に来ました。東北は地獄みたいな所。田舎って老人しかいなくて、1時間くらい歩いて小学校とか中学校に通う。自分が住んでいる周りには何もないし、人間関係も何もない。ずっとイジメられていたし、そういう所で生まれ育ったので、人との出会いなんてまったくない。ずっと孤独だし、いまも孤独です」

タカシくんも彼女いない歴32年、元イジメられっ子の童貞だった。地下アイドルのイベントは童貞の巣窟だった。

「彼女はずっといないです。生涯いないです。実はアトピー性皮膚炎を持っていて、小中高って延々とずっとイジメられた。悲惨です。本当に悲惨。イジメはリンチ。毎日リンチ。最悪なときは全身打撲みたいな感じ。みんな笑っている。イジメの理由は気にくわないとか、汚いとか、皮膚炎とか、バイ菌とか。だからみんなで僕をリンチする」

田舎の小中学校はずっと同じメンバーで、それが高校卒業まで続くことも多い。小学校時代にイジメのターゲットになったタカシくんは、その悲惨な状況が高校卒業まで続いた。恋人どころか徹底的な孤独を抱えながら、なんの友情も青春も経験することなく大人になった。

25歳で思い切って田舎を捨てて上京。東京には誰も知り合いはいない。その孤独はいまでも続いている。

「何もないし、悲惨なことしかないし、誰もいないし、だからずっと死にたかった。高校でも同じ。リンチ。そんな状況だったのに勇気がなくて、25歳まで田舎にいました。ずっとそんな感じなので精神的に病んじゃって、身動きがとれなかった。挑戦できなかった」

タカシくんは漫画家時代も、いまのスーパーでも、人間関係がない。東京の片隅で孤独に暮らし、精神疾患はまだ状態がよくならないでいる。十代の頃から希死念慮《きしねんりょ》があり、頻繁に死にたくなるという。

「東北は何もない、若い人の人数が少なすぎる。だから田舎とか地元の人と、お互いに惹かれ合うなんてことはなかったし、そんなことはあまりに難しい。だから東京で暮らして働いて、こうやって歌舞伎町にいたり、イベントに出たりして人と交流したい。人とのコミュニケーションをとりたいです。だから、メンヘラで苦しみながら生きているあもちゃんのイベントに来て、ここにいることで自分を変えられるかなって」

タカシくんの言う「自分を変える」とは、死にたい自分から生きたい自分に変えるということだった。この童貞の巣窟で何か好転させるのは微妙かと思ったが、イベントに参加することはタカシくんにとっては大きな前進のようだ。

「生きられるかなって。どうすれば生きられるかわからない。いままで死にたかったので。死ぬより、生きられるかなって。生きたい、生きたいってイベント来たけど、でもぉ、お酒飲んだから関係なかった！　なんか楽しいなって。昔から死にたくて、いまも死にたいけど、でも死にたくないんです」

ハーフ男に「洗脳・監禁」

最後、もう一人いたメガネの青年にも「恋人の存在」を確認すると、彼女いない歴＝年齢の童貞だった。男性客全員が童貞とは、東洋一の歓楽街として名を馳せた、これまでの歌舞伎町では考えられなかったことだ。

童貞たちはポラを撮ったり、無理してシャンパンを入れ、それなりに楽しそうに盛り上がっていた。筆者がカウンターに行くと、白玉あもが近づいてきた。童貞たちに聞こえない大きさの声で近況を伝えてくれる。

「今度は日本人とイタリア人とのハーフ男に監禁です。最後は警察沙汰になって大変でした。彼もたぶんサイコパス。最後は逃げて、家まで追いかけられて、消火器をドアの郵便受けから突っ込まれて、家の中が泡で全部ピンク色になっちゃった。めちゃめちゃでした。警察からまたあなたですかって怒られました。イタリア人は署に連行されて、次やったら逮捕だって厳重注意です」

サイコパスの竜太郎と縁を切って、ロリカルト教を潰した白玉あもは、結婚を考えた。そして、歌舞伎町で知り合ったイタリア人のハーフと付き合った。

「イタリア人はちょっと所属したメイド系のコンカフェの店長。面接に行ったらすぐ採用ってなって気に入られた。その日からご飯行こうとか、家に寄ろうとか、そんな感じになった。イタリアっぽい顔なのでイケメンといえばイケメン。顔立ちは濃い。40代後半でだいぶ年上。あるときから帰っちゃだめみたいになって、そこからほぼ監禁。セックスもたくさんした。ATMに連れて行かされて、お金を取られるみたいな」

家に帰れなくなり、歌舞伎町から徒歩圏の北新宿にあるセックス好きのイタリア人の家からコンカフェに通った。仕事場が一緒なので、一緒に出勤し一緒に帰る。お金も要求され、だんだんとおかしくなっていく。

「私がお金を払う理由は、僕と一緒にいたいだろって。一緒にいたいならお金が必要だって。反抗する気にならないというか、支配されて洗脳されてたのはある。店から帰ったあと、必ずセックスになって、プレイ内容が洗脳。腰を動かしながら『君は僕がいないと生きていけない、わかる?』とか。『君がお金を稼げているのは、僕がいるから』とか、いろいろ言いながらカラダをまさぐってきて、腰を振る。私も聞いちゃう。その空気に入って、どんどんおかしくなっていった」

監禁生活が100日を超えたとき、隙を見て逃げた。

とにかく自宅に帰りたかった。イタリア人は激怒して追って来た。走って逃げた。全力疾走で走って自宅の鍵をかけ、チェーンロック。ピンポンが何度も鳴る。おそるおそる覗き穴を見ると、激怒するイタリア人の大きな目玉が見えた。絶叫した。イタリア人は喚《わめ》き散らしながら消火器を放って、警察に連行された。

歌舞伎町の徒歩圏で生きる彼女は、このようなトラブルを日常的に起こす。狂っている男や狂ってしまった男から警察に助けてもらうことは日常で、生活安全課や地元交番には名前を憶えられているという。

地下アイドルのイベントは、童貞たちがアイドルにお金を払い、アイドルはそのお金を歌舞伎町に生きるサイコパスに盗られる——そういう循環があった。

白玉あもが性欲の強いイタリア人の話しをしているとき、小太り童貞のサトーさんは愛おしそうな眼差しで彼女のことをずっと見つめていた。

母親は元おニャン子クラブ

「いまはアイドルの稼ぎは月3000円くらい。どんなに高くても1万円はいかない。めちゃめちゃお金なくて、超貧困なのでコンカフェで働いています！」

歌舞伎町の西武新宿駅沿いにある客層がきわめて悪い老舗喫茶店、筆者の目の前にアイドル・

ゆりあんぬ(25歳)がいる。彼女の母親は元おニャン子クラブの会員番号13番、センターも務めた内海和子さんで、バラエティ番組で親子共演もしている。

彼女はたしか東京目白にあるスーパーお嬢様校・川村学園育ちのはずで、そんな女性がどうして歌舞伎町の貧困女子の取材に出てくるのかよくわからなかったが、目の前にいるので話を聞くことにする。

「地下アイドルってチェキ屋さん。それしか収入源がない。ワンマンのときは1時間、2時間やるけど、いつもは15〜20分くらい。ライブの出演料みたいなのは出ないです。だから地下アイドルはみんなチェキだけが収入。だから私に限らずみんな貧乏です。お金ない」

先にも述べたが、チェキというのはライブやイベントのときにファンとツーショット撮影をするサービスのことで、会場で1000〜2500円程度で販売。その売り上げの半分程度がアイドルにバックされて収入になる。

「チェキを撮るときは、オタクを並ばせる。でも、私、アイドルだけど、ファンにオタクはほぼいない。ゆりあんぬちゃんが好きって〝単推し〟ができたのは、5年間活動して去年初めて。女の子です。オタクはゼロ。だからチェキは全然回らない」

彼女は軽度の発達障害で自閉症の診断を受けているという。たしかにコミュニケーションが若干おかしい。一方的に語ることを聞く、という状況となった。アイドル歴は5年になるが、男のオタクのファンはひとりもいないらしい。

「私におっさんとオタクは寄って来ない。超気持ち悪くてダサいオタクみたいな人にすごく嫌われる。たぶん私の性格がよくないし、気持ち悪い男に対してアイドルらしからぬ言動をしちゃう。どうしても優しいことを言えなくて、気持ち悪いから『キモい』って言っちゃう。だってオタクってキモいから」

コンカフェでの収入は月2万円

アイドルの収入はなく、お金がないので実家暮らし。二十歳になってからは生活費の援助も、お小遣いもない。月3000円では携帯代すら払えない。19歳で地下アイドルになってから、歌舞伎町のコンカフェで働いている。

「コンカフェの時給は1200〜1500円くらい。私、コンカフェを転々としている。9月まで働いたお店の時給は高かった。けど、1年くらい働いて内勤が入ってトラブルになった。店長が女の子で内勤を入れたら店長と内勤が揉めて、私も内勤と揉めて、どこで働いてもトラブルだらけ。内勤って秋葉原でいう妖精さんってやつ。コンカフェとガールズバーは同じ、最近はどこも推しの女の子と一対一でしゃべる。ガールズバーと変わらない」

コンカフェ勤務の愚痴が始まった。彼女は発達障害を持っているのでコミュニケーションに問題がある。働いても店長や同僚と揉めて、男性客と揉めてとトラブルが絶えないようだ。

「収入は正直、めちゃめちゃ低い。9月まで働いていたお店は20時出勤で朝まで。ゆりあんぬちゃんはアイドルで忙しいから月1回でいい、って言っていたのに週4で入らないなら辞めろって言われた。アイドルやって病気もあって週4も働けない。罰金引かれるから、収入は月2万円とか」

歌舞伎町のコンカフェはキャバクラやガールズバーと同じく、働く女性に対する罰金制度があり、無断欠勤3万円、当日欠勤1万円、遅刻1分につき500円と高額な設定がされている。どれだけ働いても罰金を引かれると、わずかしか残らない。

「私、カラダが弱いので当日でなくても、欠勤しなきゃいけなくなるときがあって。じゃあ、代わりの女の子を探してって言われても、倒れて携帯いじれないのにそんなことできない。本当にその金額をガンガン引かれて、2万円。しかもコンカフェって給与明細を渡さない。現金払い。だから労基署とかに相談しようとしても、証拠がないので相談できない」

地下アイドルではまったく稼げない、将来的に稼げる見込みもない。コンカフェで働いても、もともとファンがいないので店から大切にされることはない。オタクが嫌いなのでアイドル活動でもトラブル、職場のコンカフェでもトラブルという日常のようだ。

ビジュアル系バンドマンの「肉便器」

彼女は「おっさんとオタクはキモい、だから嫌い」と言っている。仕事と割り切っているはずのファンであっても嫌なようで、アイドルとして成功しようがない言動を連発している。彼女はいったい、どんな人が好きなのだろうか。

「ビジュアル系のバンドマンです！」

声高に即答する。ビジュアル系バンドマンしか異性として見ることができないらしく、オタクとおっさんは「動物園の猿とかカエルと同じ！」と断言する。

「ヤリたいとか、好きとかいう感情はバンドマン以外なし。バンドマン以外、そういう気持ちにならない。イケメンでもダメです。私の男友達、全員顔面偏差値が超高い。イケメンしかいない。けど、全員に恋愛感情がないんです」

バンドマンを好きになったのは川村学園中等部1年生のとき。親戚にビジュアル系バンドのライブに連れて行ってもらってから。そのバンドのギターボーカルの男が心の底からカッコよくて魅力的で、それ以降その男のことを好きになった。その人は高嶺の花としても、バンドマン以外を異性として見ることはなくなった。

「その人のことが好きだから、ずっと彼氏をつくれなかった。その人しか恋愛感情が向けられなくて。でも手が届かない。どうすればいいって思ったとき、うちの学校、芸能活動は禁止だったのでニコ動（ニコニコ動画）で活動した。配信者とかアイドルするのは、音楽関係の人とつながろうって魂胆で。だから中学1年生のときからゆりあんぬを名乗って活動している。その人のことは13年経ったいまでも好き、その人に近づくためにアイドルになったから。

ちょっと前までは、無差別にバンドマンをとっかえひっかえ食ってました！　ヤリまくっていました！　貢ぎもしたし。19歳のときには現金で貢ぐからって、貢いでいた相手に月10万貢ぐから切らないで！って泣きながら叫んだこともあった。私、お金を貢ぐから、貢ぐからって。だから、お金としか見られてないってこともあるし、悪い言い方すると肉便器っていうんですか。肉便器としか思われてない時期もありました」

母親が元おニャン子クラブの有名アイドルで、その娘の現役アイドルから「肉便器」という言葉が出てきて驚く。「オタクキモイ」「肉便器」など、平成までの価値観や常識だと決してアイドルが発することがない言葉だ。筆者は彼女に「書いても大丈夫なの？」と何度も確認するが、「そんなの全然大丈夫」と返ってくる。

「肉便器って、ただの穴ってことです。音楽関係者の飲み会とか打ち上げに行って、誰か紹介してって。めちゃめちゃ頑張って飲んで、潰れるまで飲むってこともありました。みんな私とヤッたって言わないでくれているので、情報が回ってないので大丈夫だった。だからいろんな人とヤレました。肉便器は、もう計り知れないレベル。同じバンドのボーカルとギターとベースとヤルとかもあったし」

「バンドマンと結婚できたら、専業主婦になります」

彼女は川村学園高校を卒業し、そのまま川村学園女子大学に進学している。両親は彼女にグローバルな人材になってほしいと英才教育を施したが、英語が嫌いだったために挫折した。英語が嫌いだし、海外にはビジュアル系バンドマンがいないので興味がなかった。大学時代は授業をさぼってビジュアル系バンドマンに狂った。3年で中退、アイドルをしながらコンカフェで働くようになった。

いまは、ビジュアル系バンドマン相手に「肉便器」になること、そして貢ぐことからやっと卒業したという。

「十代の頃からそんな感じなので、ヤルのも貢ぎも別に楽しかった。セックスは嫌じゃないし、私のカラダを使ってもらえるならいいやってタイプ。私を使ってくれて、なおかつ、あの子をまた呼んでよ、ヤレるから呼んでよってなれば、それでいいって思っていた。18歳からそんな感じで、貢ぐためにレズ風俗もやったりしたし」

本人が書いていいというので聞き進めていく。高校卒業してセックスに奔放になったというが、肉体関係を持ったビジュアル系バンドマンを好きになってしまうことはなかったのだろうか。

「ないです。カラダを好きに使っていいよってだけ。セックスはみんなだいたい上手。ボーカル以外は上手。ボーカルは本当にひどいので付き合いたくない。ボーカルはマジで下手。下手すぎて絶対に付き合いたくない。セックスを頑張らない。でも、ボーカルがいちばん金を持っている。だからボーカルの人と肉体関係になるときは、値段の書いてない料理屋さんとか連れて行ってもらうけど、下手だからセックスは嫌」

セックスを頑張らないとは、どういうことか。ボーカルはいちばん人気が高く、調子に乗っている傾向がある。人や女性を大切にしないという意味のようだ。

「頑張らないって。まあ、すぐに挿入。で、何もしない。面白くないし、ワンパターン。ボーカルは本当にワンパターン。やっぱり楽器隊のほうが体力もあるし、優しい。あと早弾きとか指弾きとクリいじりは比例する。めちゃしますす。マジです。あとギターも割と女の子を大事にしない。雑。セックスはうまいけど、雑。いちばん丁寧に扱ってくれるのは、私の経験からしてベースです。ベースは本当に大事に扱ってくれる」

果てはベースの指弾きは強弱あってメロディアス、クリトリスへの愛撫のうまさに直結するという話まで出てきた。

貧困の地下アイドルでコンカフェでもうまく働けないゆりあんぬ。最後にこれからどうするのか聞いてみた。

「自分で決めていることがひとつあって、バンドマンと結婚するまではアイドルをやめません。バンドマンと結婚できたら、専業主婦になります」

ゆりあんぬは歌舞伎町の老舗喫茶店でしゃべりまくった。2時間は経っただろうか。働いているコンカフェはすぐ近くにある。しかし、店長とトラブル中なので出勤しないで帰るという。店の前で手を振って別れた。ゆりあんぬは内海和子さんと暮らす家に帰って行った。

第三章　「ホス狂い」の女たち

事故物件の女

２０２２年10月、ウィークデーの20時、新宿職安通りにある抜弁天《ぬけべんてん》にいる。

抜弁天とは歌舞伎町徒歩圏にある職安通りと靖国通りが交わる交差点の名称だ。一般的には周辺一帯の地名として使われるが、正確には交差点の一角にある厳嶋《いつくしま》神社抜弁天のことをいう。厳嶋神社抜弁天は１０８６年に源義家が創建した神社で、江戸六弁天のひとつに数えられている。17世紀後半の江戸時代には、抜け弁天のある余丁町《よちょうまち》から若松町《わかまつちょう》一帯は徳川綱吉が発布した「生類憐れみの令」によって、総面積2万５０００坪に犬小屋が建てられていた場所という。ここは新宿駅周辺のような田畑ではなく、現在に至るまで人々がずっと暮らしていた歴史がある地域だ。

どうして抜弁天にいるかというと、この辺りは歌舞伎町に生きるキャバ嬢や風俗嬢、ホストやホス狂いたちの居住地となっているからだ。ホス狂いの宮下あさ美（仮名、25歳）は抜弁天のすぐそばにある家賃12万円の賃貸マンションに暮らす。「ホストクラブに行く前なら、別に取材を受けてもいい」と連絡をもらい、ここで待っている。もしかしてと思ったが、事故物件だらけで有名な賃貸マンションから現れた。

この賃貸マンションは、ホストやキャバ嬢、風俗嬢、ＡＶ女優、それに歌舞伎町に通うホス狂いが主な住人であり、目の前を通る職安通りは歌舞伎町に向かう、彼ら、彼女らの通勤路となっている。

この賃貸マンションが一部のマニアの間で有名になったのは、某事故物件サイトで炎マークだらけになったことが理由だ。飛び降り、発狂、刺殺、不審死が相次ぎ、可視化されている事件や事故はまだ一部だけともいわれている。

あまりの事故の多さに、霊と会話ができるとされる陰陽師・橋本京明も取材に訪れている。この賃貸マンションのエントランスを霊視した橋本京明は、ここが無数の霊にまみれており、手に負えない状態であることを指摘していた。

風俗嬢女子会

マンションのエントランスから、全身小柄で黒づくし、マスク姿の宮下あさ美が出てきた。筆者に近づいて来て軽く会釈する。

一緒にホストクラブのある歌舞伎町に向かう。挨拶しても、声をかけても、反応は薄く表情も乏しい。職安通りの坂道を下りながら、さっそく話を聞いた。

「ホストクラブに行くようになったのは、一昨年（2020年）の10月くらい。大学時代から風俗は少しやっていたけど、ホスト行くようになってガチで働くようになった」

話してはくれるが、ものすごく声が小さい。前章のやせ細った織田夢希と同じく、生きるエネルギーみたいなものを感じない。マスクで隠れているせいもあって、表情もない。声が聞こえないので、歩きながら彼女に一歩近づく。

「2年前、同業の友達が欲しくなってツイッターを始めた。SNSで何人かの女の子と知り合って、中心人物みたいな子が誕生日だっていうので歌舞伎町で女子会をやった。その日、みんなでホストクラブの『初回』に行くことになった。それが初めて」

風俗嬢は客と1対1で行う仕事なので同僚との人間関係が生まれにくい。風俗嬢が同業の仲間を求めてSNSを活発に使うのは流行っていて、彼女は2020年10月にツイッターで交流のある6人と開催した風俗嬢女子会に参加している。

東新宿にあるダイニングバーでワイワイしているうちに、全員でホストクラブに行こうという話になった。6人のなかでホスト経験がないのは彼女だけで、楽しいから絶対に行ったほうがいいと全員に薦められた。

「その日、初めてホストに行った。ホストクラブなんて全然知らないから、その日はけっこう緊張したかな。初めて会った友達も何人かいたし、いろんなホストが席に来て、普通に会話して終わった。そのときにLINE交換した人(ホスト)に一人で来なよって呼ばれるようになって、毎日営業してくるのでまた行ってみようかなって感じで行った」

ホストは初回だけは1000円、2000円という安価で遊べる。代わるがわるホストが席にやって来て、顔合わせ的に挨拶して短い会話をする。そして、2回目以降にそのホストクラブに行くとき、誰かを指名しなくてはならない。ホストクラブは永久指名制。一度指名すると、その店では指名したホスト以外を指名することはできなくなる。女性たちは指名しているホストのことを「担当」、担当は指名してくれた女性を「姫」と呼ぶ。

「担当に初めて会った日、私すごく酔っぱらっていた。正直、何も覚えてない。顔がいい、くらいの記憶しかないかな。2回目に会ったときは、なんか優しい人だなって。こんな人だったっけ、みたいな。優しいから指名するようになりました。最初は一回の会計が数万円だったけど、なんかだんだんと20万円、30万円って使うようになって、気づいたらいまみたいになっちゃった。担当が喜んでくれるからシャンパンを下ろしちゃう」

「売掛」という沼システム

ホストクラブはどうして高額会計になるのか——。ホストクラブのシステムは1時間いくらという基本のセット料金があり、ボトルやシャンパンを入れると、その金額が加算されていく。シャンパンやボトルは高額であり、1本注文するだけで金額は跳ね上がる。その総額にサービス料、税がついてお会計となる。

女性が支払った金額が担当ホストの売り上げとなる。ただし、売り上げは店とホストの折半で、女性が使ったお金のおおよそ半分が担当ホストの収入になるシステムである。

そして、ホストクラブには「売掛《うりかけ》」という制度がある。

女性は来店時にお金を持っていなくても、ホストに借りることで遊ぶことができる。たとえば30万円のお会計だったとき、ホストが女性に代わって半分の15万円を店に入金する。そうすることで店舗側は30万円の売り上げとしてカウントする。女性は担当ホストに30万円の借金をした、ということになる。売掛をどう返すかは女性とホストの関係次第であり、店が関与することはない。

歌舞伎町のホストと客の関係はすべてお金で解決できるといわれる。一般的にホストは大きな金額を使ってくれる女性から待遇や接遇をよくしていく。ホストには何人もの女性客がついていて、同じホストを指名する女性同士の競争がある。そのため、女性たちはこぞってお金を使う。

ホス狂いの女性たちは華やかな場所で数十万円するシャンパンを飲みたいのではなく、ホストとの関係をもっと深めるために高額シャンパンを注文するのだ。

「それまでは小遣い稼ぎか気分転換くらいで箱ヘル（店舗型ヘルス）をやっていたけど、担当にスカウトを紹介されてソープに移籍した。それでソープ嬢と出稼ぎをやるようになった。ホストに行くまでは風俗で月15万円稼げればいいって感覚で、いつも家で寝ていた。でもホストに行き始めてから、ちゃんと働くようになった。一昨年の12月には、風俗だけで１４０万円とか稼いだ」

「出稼ぎ」とは、都市部の風俗嬢が地方の風俗店で日程を決めて短期で働くこと。知らない街で、泊まり込みで客をとり、集中して働く。知らない街なので知り合いもおらず、お金を使わないのでかなりのお金が貯まる。

出稼ぎ風俗はスカウトマンが仲介し、若くてやる気のある女性なら、そのとき募集のある47都道府県のどこかの風俗店を紹介される。期間は10日間、14日間など、女性の都合に合わせてくれる。ホストクラブで使うお金を稼ぐために出稼ぎ風俗の仕事をする女性は多い。風俗を紹介するスカウトマンと自分の女性客を風俗に勧めるホストは、もちろん、つながっている。

「スカウトが紹介してくれたのは、吉原の1本2万円（女性の手取り）くらいのソープ。ほぼ毎日出勤して出稼ぎもけっこう行った。コロナの真っ最中だったけど、仕事はあった。私は担当のエースとか二番手とか、あまり気にしてなくて、いまは3日に一回は担当に会いに歌舞伎町に行ってるかな」

宮下あさ美はホストクラブを知ってから、本気でお金をつくろうとソープランドに移籍した。そして週6日の鬼出勤をするようになり、10日間の地方への出稼ぎ風俗も積極的に行くようになった。風俗で働きづめの状態になって月100万〜160万円を稼ぐようになった。

抜弁天の賃貸マンションに引っ越したのは、去年の夏。ホストクラブにもっと行くために歌舞伎町の徒歩圏に引っ越した。抜弁天で暮らすようになってからは、少なくとも月100万円はホストクラブに使っている。

1本番5万円の「同人AV」

抜弁天から10分くらい歩いただろうか。

抜弁天は丘陵にあり、職安通りのなだらかな坂を下ると東新宿駅と歌舞伎町が見えてくる。東新宿駅周辺は歌舞伎町の中心地から離れた端部であり、ラブホテルや中華料理店、韓国料理店が目立つ。

明治通りの横断歩道を渡ると歌舞伎町二丁目となる。横断歩道を歩きながら左側を眺めると、複数のヤクザの組事務所がテナントとして入る通称「ヤクザマンション」が見える。歌舞伎町二丁目はホストクラブの密集地帯であり、街に掲げられる看板は「職業イケメン」など、ホストクラブの看板一色となる。

「担当の何が好きなのかとか、わからない。でも、もう3万円とかじゃ認められない。どんどん担当に対しての承認欲求みたいなのが増えていく。だから、私ね、勝手にお金使う。3万円しか使わない遊びを続けていても、意味ないかなって。もっとかまってほしいから、私が率先してシャンパンとか入れる。シャンパン入れると、すごく喜んでくれるからうれしい。そうなると、次からお金使わないで帰るとかしづらくなる。お金使ってくれなくなったって、冷たくされちゃう」

財布を見せてもらった。Kate spadeの長財布に20万~35万円くらいの札束が入っていた。いくら使うかわからないが、ホストクラブに行くときはいつも数十万円の現金を財布に入れる。

「最近は風俗以外に同人AVも始めた。AVはラク、ラクに稼いでいる。ホストの初回に誘ってくれた女の子とずっとつながっていて、今年の初めに『同人AVやれば?』って教えてもらった。同人AVって個人の撮影者のモデルをすることで、ハメ撮りみたいなことをする。今年からどんどん出演している。2〜3時間で終わるのですごくラク」

1本番5万円、生中出し10万円で出演している。同人AVとは個人の撮影者がハメ撮りなどを撮影し、FC2などのサイトで動画配信する。女性器や結合部が丸見えの無修正映像があふれていて市場規模はどんどん拡大している。いまは適正AVと呼ばれるアダルトビデオと同程度の規模がある。

FC2はアメリカ基準のプラットホームで、無修正のまま販売するか、わいせつ物に該当しないように陰部や結合部にモザイクを入れて販売するかは撮影者によって方針は異なる。宮下あさ美は個人撮影者の依頼を受けるまま出演しまくるので、出演作の多数が無修正の「裏ビデオ」になっている。

出演した映像が合法か非合法かは、宮下あさ美自身はあまり気にしていなかった。2時間程度の撮影で5万〜10万円の出演料は、ソープランドで稼ぐよりラクなので積極的に同人AVに出演している。

「風俗みたいに何人も接客しなくていいし、短時間で5万円とかもらえる。本当に2時間くらいで撮影は終わる。プロダクションには入ったことはなくて、一人でやっている。ツイッター経由でどんどん個人の撮影者から依頼が来るし、撮影者を紹介してくれる友達もいるし。月20本くらいやっていて、それだけで100万円になる」

無修正のＡＶ出演は「わいせつ電磁的記録媒体頒布罪違反」に該当し、逮捕される可能性がある。さらにＡＶ新法も施行されてアダルトビデオ界隈は大激震となっているが、そのようなことにはいっさい興味がないようだった。

「撮影が終わったあとのこととかよくわからないし、興味ない。どっちでもいい。無修正っていわれても、女の子が捕まるのは見たことがないから大丈夫かなって」

同人ＡＶには常にお金が必要なホス狂いの女の子たちが続々と手を出している。お金を払ってくれる個人撮影者を見つけるのは、主にツイッターが使われる。

アカウントをつくって「#同人モデル　#フェチ　#個人撮影」などのハッシュタグをつけて発信していれば、個人撮影者から出演依頼のＤＭが来る。そこで条件が合えば撮影となる。宮下あさ美は１本番５万円、生中出し10万円を出演料の基準としている。

「待ち合わせてホテルに行って、セックスしながら撮られるだけ。いつもそんな感じ。自分からモザイクとか無修正とか確認しない。本番ハメ撮りとか、口とか手だけとか、フェチ系とかパンチラとか、水着とか下着とか、いろいろ。ヌードのポートレイトの依頼も来ます。今月は週５日とか、毎日撮影。一日２本のときもある。同人ＡＶの仕事がたくさん来るからソープの出勤を減らしました」

２年前にホス狂いになってから、ソープランドに鬼出勤して、無修正の映像が出回る同人ＡＶモデルになっている。毎月三桁の金額を稼いでいるが、家賃と生活費を除いてほぼすべてをホストクラブで使っている。

大手介護会社の内定を辞退

歌舞伎町二丁目に到着した。時間は21時30分。ホスト通りと呼ばれるホストクラブ密集地帯がにぎやかになる時刻である。

ホスト通りは区役所通りから一本奥に入った所にある。どこを眺めても20代前半であろう若い女の子とホストだらけだ。一昔前に歌舞伎町の主役だったサラリーマンや中年男性の姿は、どこにも見えない。中年女性の姿も見えない。とにかくZ世代の若い女の子たちであふれかえっている。

いまの歌舞伎町の主役は風俗嬢やキャバ嬢にお金を落とす中年男性ではなく、お金持ちのマダムでもなく、Z世代の女の子たちなのだ。

宮下あさ美が通うホストクラブが入るビルに到着した。担当から「待っているよ！」というLINEが入っているようだ。最後に立ち話で、彼女の経歴を早足で聞いていく。

東北出身。7年前に大学進学のために上京している。高校時代はテニス部だった。歌舞伎町に関わって2年――いまの彼女は抜弁天の発狂者が続出する事故物件マンションで暮らし、ソープランドで可能な限り不特定多数にカラダを売り、性器と結合部を丸出しにする無修正映像に出演しまくり、そうして稼いだお金をすべてホストクラブで使っている。

「風俗やり出したのは4年前、大学卒業する直前。就職先は内定が出たけど、嫌になって年末に辞退した。そこから仕事を探したけど、時期が時期なので何も見つからなかった」

両親は学費と家賃を払ってくれて、奨学金も借りていたので学生時代にお金に困ることはなかった。内定をもらったのは大手介護会社で、介護事業所に新卒入社する予定だった。

「内定もらった会社に9月から働いてほしいって言われてバイトした。卒論があったし、忙しかったので体力的にキツかったけど、おむつとかは抵抗なかった。シフトをつくっている人に週4日は無理って言ったけど、全然聞いてもらえなかった。結局、介護の仕事が原因で体調を崩して仕事に行けなくなっている状態を、誰も理解してくれない。さぼっているくらいに思われた」

大学4年の9月から介護施設で働いて、12月に過食嘔吐が始まっている。

「介護を始めてしばらくしてから、ご飯がちゃんと食べれなくなった。毎日、嘔吐。辞めたら食べられたので介護が原因だと思う。施設には10人居住者がいて、10人全員を一人で看る時間帯があった。もし、何か事故が起こったらどうしようとか、そういうプレッシャーがあった。それが原因で精神的におかしくなった」

夕飯後の18時から夜勤担当者が出勤する22時まで、4時間もワンオペで介護する時間があった。18時に日勤者が全員帰り、彼女一人が残される。夕方から夜は要介護高齢者が不穏になり、おかしくなる時間帯だ。夕食介助して着替えをして就寝まで、未経験の大学生が一人でやるのは無理だった。必ず認知症の誰かが不調を訴え、とても一人で10人の介護はできなかった。

「12月に嘔吐が止まらなくなって、介護が嫌になって施設を辞めて内定も辞退した。そんな時期から就活しても無理だし、スカウトされて風俗嬢になった。千葉栄町のセクキャバ。おさわりとかキスとかができるキャバクラ。時給5000円ってすごいと思った。20分接客で、最後5分のショータイムで、脱いでお客さんの膝の上に乗って触られるみたいな。どれだけ触られても別に抵抗なかったし、こんなもんか、みたいな」

生まれて初めてできた趣味

大学卒業の2カ月前にセクキャバ嬢になり、卒業してからは栄町の店舗型ヘルスで働いた。介護職で精神疾患になったことで普通に働くことは諦めて、専業風俗嬢になっている。単価が高い風俗で最低限の生活費が稼げれば、それでいいと思うようになった。

「仕送りと奨学金がなくなって、稼がなきゃならないから風俗に。家賃4万円なので月15万円もあれば生活できる。専業風俗嬢なので働かない日のほうが多くて、働いていない時間は家でずっと寝ていた。そんな生活を2年間くらいしてホストに行って、歌舞伎町の近くに引っ越して、いまって感じ」

大学卒業から2年間は、週2日風俗で働くだけ。それ以外は本当に何もしなかった。友達もいないし、趣味もない、家で寝ているだけで時間が過ぎていく。

「それまで人生ずっとなんの趣味もなく生きていたけど、初めてホストクラブって趣味ができた。ホストに行くようになってお金が必要になった。だから一生懸命働いている感じ。ホスト通いをやめたら、また家で寝ているだけの生活に戻るだけ。だからホストクラブって趣味ができてよかった」

宮下あさ美に取材のお礼を言うと、無表情で会釈してエレベーターに入って行く。4階で止まったことを見届け、筆者は抜弁天とは反対方向となる新宿駅方面に向かった。

一人暮らし派遣OLの孤独

数日後、派遣OLでホス狂いになった三上絵梨（仮名、33歳）と会うことになった。西武新宿駅前の喫煙所前で待ち合わせた。

昔からだが、西武新宿駅前の喫煙所に集まる人間の質は悪い。輩風の男、水商売風の女、ギャル、ホスト風と夜の匂いがする人間ばかりがタバコをふかし、煙をまき散らしている。出入口近くに立っていた、一人だけ地味で清楚な女性が三上絵梨だった。

近くにある高級喫茶店に行く。パパ活の顔合わせでよく利用される喫茶店だ。今日も何組ものパパ活らしきカップルがいる。パパ活カップルは顔合わせで対面し、話し合ってから二人の関係をどうしていくのか決める。パパ活席の女性たちは総じて退屈そうで、陰鬱な空気が漂っていた。

「ホストに行くようになったのは去年（2021年）の4月。友達というか知り合いを増やしたくて、相席屋に一緒に行く女の子が欲しくて、女の子同士の掲示板に参加しました。そこで知り合った女の子がホストに行っていて、誘われて一緒に初回に行ってからが始まりでした」

まず、初めてホストクラブに行ったときの話になった。

2021年4月といえば3回目の緊急事態宣言が発令された緊迫していた時期だ。しかし、飲食店や社交飲食店に対する休業補償は微々たるものであり、ホストクラブを中心に歌舞伎町は活発に営業していた。

三上絵梨は掲示板で知り合った初対面の女子2人と、まず歌舞伎町の相席屋に行っている。相席屋とは男女の出会いの場を提供する飲食店で、シングル専門店もあるが基本2～3人のグループでないと入店ができない。一人暮らしの派遣OLは人間関係が薄いため、SNSや掲示板で相席屋に同行する同性の仲間を探したりする。

「相席屋でご飯を食べて、私がトイレに行っている間に2人でホストの話をしていました。帰ってきたら、これから初回に行くってなりました。ホストクラブには前からちょっと興味があって、一度くらいは行ってみたいなとは思っていました。それで、じゃあ行こうって。たまたま声をかけられたお店が初回1000円で、1000円だったらいいかなって行きました」

初回ではホストが代わるがわる席にやって来る。ホストたちは、みんな話がうまくて面白い。お酒が入っていたこともあり、どのホストがやって来ても盛り上がった。そこで彼女の担当となる聖夜（仮名、33歳）と出会う。

「なんか楽しいなって。同じ31歳（当時）の人がいてタメじゃん！　って盛り上がった。初回の1時間が終わって、どうするってなりました。時計を見たら23時で、まだ終電まで1時間あった。延長してもプラス1000円でいいと言うので延長することになった。終電で帰ろうと思っていたけど、うっかり逃しちゃった。そうしたら、飲み直しは1万円で大丈夫って言われて。閉店は1時で、お店が終わったあとに行くバーのお金は俺が出すからこのままいなよ、ってなりました」

初回の時間が終わり、飲み直しになった時点で担当は聖夜となる。

聖夜は喜んでいた。喜んでいる顔を見るのは気分がよかったが、どんどん流されていることも自覚していた。初回と飲み直しが終わったあと、歌舞伎町のバーに聖夜と行った。アフターである。一緒に朝まで飲んで始発で帰った。久しぶりに誰かと楽しい時間を過ごしたと思った。

声優になる夢を諦めた

「ハマったのは、そこからでした。最初、担当とは同じ年齢で話が合った、ただそれだけでした。見た目は別に好きってわけじゃないし、その人はいまも担当だけど、何が魅力なのかって聞かれてもわからない。しゃべりは上手。けっこう頭よくて、回転が速いかな。高卒ではあるけど、大手の製造会社でサラリーマンをしていた人で、表面だけの薄い会話じゃなくてちゃんと会話ができました。それがいいのかな。わからないんです」

派遣OLの三上絵梨は、職場と自宅を行き来するだけの地味な生活だった。彼女の職場では、派遣OLが任される仕事は誰でもできる作業だけで、1年後、2年後に何かが好転するという希望はほぼなかった。

地元は新潟県。専門学校への進学で上京している。高校時代は演劇部で、声優になりたい夢があった。専門学校で本格的に演技を学んでいくうちに才能がないことに気づいた。卒業して劇団員になったが、なにひとつ芽がでる様子はなかった。きっぱり諦めたのは26歳のとき、それから非正規派遣労働を転々としている。

東京の下町に家賃7万円の一人暮らし。ずっと月収は20万円程度なのでギリギリの質素な生活が続いている。就いた仕事は非正規の事務仕事やコールセンターで、初ホストの時期にやっていたのは、ひたすら請求額と入金額の確認をする仕事だった。勤務中は誰とも話すことはない。黙々と作業するだけ。東京で最低限の生活をするためだけの、つまらない仕事をしていた。

「そのときは仕事が嫌になっていました。こんなことするために東京に来たんじゃないよなって。最初の頃はたまにホストクラブに行って、担当に仕事の愚痴を聞いてもらっていました。働くことが嫌になって働きたくないみたいな話をして、そもそも労働したくない、働かずに生きていきたいみたいな話をしていました」

初回のときに飲み直しをして担当になってから、聖夜からはたびたび連絡が来た。また店に来てほしいという営業だったが、東京には彼氏も友達もいないので「元気」「また会いたいね」って言ってくれる人がいるだけでうれしかった。

派遣OLなので低収入である。聖夜に会いたくても、お金がなかった。

セット料金で2万円、3万円も使ったら生活ができなくなってしまう。誘ってくれる聖夜の期待に応えたかったが、家賃や生活費など細かく計算してからでないととても行けない。再び来店したのは、初回から2週間後。そして、その数日後にもう一度行っている。聖夜にはお金がないことは話しているので、セット料金しか払っていない。

3回目に店に行ったとき、三上絵梨は昼職を辞めたい気持ちがピークに達していた。しきりに聖夜にもう仕事をしたくないという愚痴を言っていた。その日、聖夜にアフターに誘われた。バーで飲んだあと、誘われてラブホテルに行った。セックスをした。翌日の朝方に一緒に新宿駅まで歩いた。

三上絵梨は、その日に聖夜のことを好きになったという。

派遣OLから専属風俗嬢に

女性たちがホストクラブに行くのは、その場を楽しむために行っているわけではない。ホストクラブはホストと女性客の疑似恋愛の場である。

女性は恋愛感情のあるホストに会いに行き、ホストは恋愛感情を持たれている女性から少しでも多くの売り上げを得る目的がある。彼女たちの消費の最大数を目指し、女性に対してさまざまなアプローチをする。

『ホス狂い』(大泉りか著/鉄人社)に「ホストにはさまざまな役割を担った〝カノジョ〟が存在する」という項目がある。ホストの女性たちに対するアプローチは非常に多彩である。同書にはおおよそ、次のように説明されている。

まず本命のカノジョと思い込ませる「本営」、イチャイチャしたりデートしたりする「色カノ」、ホストがセックス目的の「ヤリカノ」、家を提供してもらう「家カノ」、店に呼ばれることのない「本カノ」、ホストがしんどいことや苦しいことをアピールして同情を誘う「病み営」、友達付き合いする「友営」、女性を育てる「育て営」、営業目的に同棲する「同棲営業」、将来的に結婚を約束する「結婚営業」などがあるという。

ホストは対象女性がホストクラブでよりお金を使うことを目的として、女性とどのような関係性を築くのが有効かを考えて実行する。一人暮らしの派遣OLで収入が低い三上絵梨は、現状のままだとホストにとって旨味がない。

「担当に仕事の愚痴を言っていたら、そんなに嫌だったら『俺が仕事紹介しようか?』って話になりました。昼職がつまらないなら、風俗のほうが確実に収入上がるよって。ちょっとやってみて考えればいいじゃんって」

聖夜はすぐに知り合いのスカウトに電話した。スカウトは深夜の歌舞伎町にすぐにやって来た。その日のうちにスカウトに会うことになった。

「担当にスカウトを紹介されて、そのスカウトに店舗型ヘルスを薦められました。風俗嬢になるなんて考えたこともなかったけど、そのとき、もういいかと思って風俗を始めました。歌舞伎町と大久保のヘルスを紹介されて、どっちがいい？って。条件と縛りが比較的緩かったのが大久保だったので、そっちの店を選びました。大久保は写メ日記を毎日投稿しろとか、そういう条件がなかった」

２０２１年7月、三上絵梨は会社を辞めて専業風俗嬢になった。

聖夜から「店、決まったんだって。おめでとう。頑張れ！」ってＬＩＮＥが来た。大久保のヘルスに面接に行ったとき、「風俗は初めて」と言うと講習をさせられた。デブの店員を相手に全裸になってプレイをした。聞いたことのない素股というプレイを教えられた。デブの肉棒を握って、手と股に挟んで射精をさせた。デブの精液はモンブランみたいな甘い香りがした。

「知らない人に性的なことをするのは、最初は嫌でした。けど、1カ月くらいで慣れちゃいました。何も感じなくなった。専業風俗嬢になってからは鬼出勤で、14連勤とかしました。いまは週6日まで減らしたけど。風俗嬢になってからは担当から『会いたい！』『会おうよ！』みたいなＬＩＮＥが増えました。風俗の仕事以外で他にやることはないし、稼いだお金は全部ホストに使うようになりました」

月に稼げるのは40万円が限界

あまりにもつまらない昼間の仕事を辞めることが第一の目的だった。なので、辞めて専業風俗嬢なったことで目的は達成した。しかし、プレイルームにずっとこもっている生活で人恋しくなる。また、知らない男性相手に性的行為をする、こんなことを続けてもいいのかという不安もある。

風俗嬢になってから聖夜からの連絡が増えた。歌舞伎町はすぐ近くなので、頻繁にホストクラブに行くようになった。

「収入は上がったかな。いちばん稼いだときで月40万円とかです。月25日働いてもそれくらい。出勤時間は11時から23時で、ずっと待機所にいます。一日中いても2本（2人）とか。そんな感じです。忙しかったときは一日4、5本とか。それも短期間でした」

風俗嬢になった三上絵梨の収入は、週6日一日12時間店にいても月40万円が最高額だったという。あまりの稼げなさに驚いたが、本人はその自覚はないようだった。最高額が月40万円では、とてもホストクラブで使うお金は捻出できない。聞くと60分1万2000円程度の安価な人妻風俗店であり、所属する女性も、男性客も少なかった。典型的な稼げない店である。

「一日2本ついて1万円ちょっとです。コロナは関係あるかな。働き始めたのが去年7月でコロナの最中で、逆にそこそこお客さんは来ていました。コロナが明けてから減った。他のことをしているか、他の所に行っちゃってるってことだと思う。今年は月30万円も稼げないときもあって本当に厳しいです」

聖夜が彼女に対して実行したのは「育て営」だった。消費の最大数を目指して昼職を辞めさせて風俗に堕とし、鬼出勤させる。そこまでして月30万円、多くても40万円しか稼げないとなると話にならない。

「ランキングに入っている子は稼いでいるかもだけど、私は40万円が上限です。だから頑張ってホストに使っても月20万円くらいで、無理しても30万円くらい。売掛の入金が翌月5日で、その日までに売掛を用意できない」

52歳の客とパパ活関係

いま聖夜に20万円の売掛がある。昨年11月の聖夜の誕生日イベントのとき、三上絵梨は無理して50万円分を使った。風俗店に鬼出勤する月収をはるかに超える金額であり、とても全額を払えなかった。

「売掛を払いたいからお店に行くのを控えたいって話したけど、それはそれで払ってもらうけど、店には来てほしいって。20万円が残ったまま通い続けました。だから売掛は減らない。そこから売掛の入金が常に漏れるようになって、立て替えてもらう金額が増え続けるみたいな。シャンパンを入れると、安いシャンパンでも20万円くらい請求される。だから、頑張っても月一度しか行けない。でも月2回とか3回とか呼ばれます」

聖夜は三上絵梨に「育て営」を試みたが、育て切れなかった。最終的には聖夜の売り上げの調整役となり、イベント月と月末に呼ばれるだけの存在となった。月末になると5万円使ってほしい、10万円使ってほしいと頼まれる。LINEの回数も減った。いまは月末にたまに営業メールが来るだけだ。

「担当と肉体関係になったのは、最初の頃の一度だけ。たった一度です。そのあと肉体関係はなかった。しばらくは好きだったけど、半年くらい通った段階で担当に対して恋心はなくなりました。人としては好きだけど、肉体関係を持ちたいとは思わなくなった」

最初に肉体関係になったとき、三上絵梨はまたヤリたいと思ったが、それ以降、誘われることはなかった。彼女も誘わなかった。誘わなかった理由は収入が低いのでエースや太客になれることはないし、細客が担当に肉体関係を求めるのは迷惑じゃないかと思ったからだという。

彼女はすべてを捨てて風俗嬢になって、聖夜との関係を進展させたかった。しかし、どんなに頑張ってもそれは叶わなかった。

「いまお店のお客さんで、個人的に会ってお金をもらっている人がいます。たぶん、その人のことが好き。52歳の既婚者で一度デートすると3万円をくれます。その人に『会いたい』『また会いたい』って言われるのがうれしかった」

今年2月から、52歳の中年男性客とパパ活関係になっている。三上絵梨は、その相手のことを好きになっていた。聖夜から月末にだけいいように使われる関係は続いているが、その中年男性が現れて聖夜への気持ちは完全に薄れた。

「その男性には私からよく連絡します。でも相手から『これ以上、心を通わせてしまうと不倫になってしまう』って話をされました。一応、お金を払っているから、いまは大丈夫って。相手は風俗の延長で留めておきたいみたいです、しばらくの間は。その人からもらったお金でホストに行っていたけど、いまはその人からもらったお金はホストには回さない。その人に悪いって思うからです。だからホスト熱は冷め切っています」

歌舞伎町に関わったことで昼職を辞めて専業風俗嬢になり、お金にならなかったことで担当ホストに雑に扱われ、寂しかった心の穴を52歳既婚男性に埋めてもらっている。

歌舞伎町にハマったのは31歳。そして現在33歳といえば、結婚適齢期のラストチャンスという年齢だ。声優になりたい夢が破れ、そして歌舞伎町でも満足に生きることができなかった彼女の未来は、とても暗そうに見えた。

歌舞伎町〝食物連鎖〟のヒエラルキー

三上絵梨を見送ったあと、歌舞伎町の不動産事情に詳しい崎岡さん（仮名）に会いに行く。崎岡さんの事務所は歌舞伎町二丁目のラブホテル街にある。

歩いて向かう途中に自殺の名所として有名な「第六トーアビル」が見えた。

ヨーロッパ調の豪華な外観で、テナントはすべてホストクラブだ。自殺のピークは２０１８

年10月。1カ月間で未遂も含めて7人の飛び降り自殺があり、呪いのビルとして歌舞伎町を震撼させた。飛び降りたのは全員がホス狂いの若い女性だった。

呪われた第六トーアビルに入ってみる。

霊感がある人はとても近づけないといわれる左側のエレベーターに乗る。最上階5階のボタンを押す。エレベーターを降りると、すぐに営業中のホストクラブがあり、左側に屋上に通じる扉があった。扉は厳重に施錠され、ドアをよじ登って屋上に向かわないように鉄条網も張られていた。

歌舞伎町二丁目には、他にも飛び降り自殺の名所と呼ばれるビルがある。夜から朝方にかけて歩くときは、建物の近くで立ち止まらないようにしている。いつ上から人が降ってきて巻き込まれるかわからないからだ。

崎岡さんの事務所があるビルに到着した。崎岡さんは小さな出版社の経営者であり、副業として歌舞伎町で店舗の「転貸《てんたい》」をしている。

「いま歌舞伎町はホストクラブを頂点として、食物連鎖がうまくいってめちゃ金が回っている」

「食物連鎖」とはモテない男や寂しい中年男性を底辺として、彼らが払ったお金が風俗嬢やキャバ嬢やアイドルやパパ活女子を経由してホストクラブに流れているということだ。

「ホストクラブはローカルルールがあって、渋谷にはないし、池袋にちょっとあるだけ。平気でどんどんオープンできるのは歌舞伎町だけ。ホストに金を送り込むホス狂いとか地下アイドルがコンカフェを開いたり、ホストが使うアフターバーが必要だったり、ホストという食物連鎖の頂点に集金させるための周辺店がすごく増えている」

2018年から空前のホストブームが起こっている。

『「ぴえん」という病』（佐々木チワワ著／扶桑社新書）によると、ホストクラブは歌舞伎町に約260軒、約5000人のホストが存在するとされている。

さらに数年前まで歌舞伎町の主役だったキャバクラがあり、ガールズバーがあり、無数に増えているコンカフェ、メンズコンカフェ、カウンター越しに女性を接客するサパークラブ、それにアフターバーなどを含めると、もう誰も把握できないほど無数の店舗が存在する。

東京は2020年3月に感染症が蔓延し、政府による緊急事態宣言が繰り返された。同年5月、小池都知事にナイトクラブが感染源と名指しされたことで歌舞伎町からにぎわいが消えそうになった。

歌舞伎町は日本全国から批判の的にされたが、多くのホストクラブは小池都知事の指摘も世論も無視して営業を継続した。歌舞伎町一丁目にある多くの飲食店やゴールデン街の店舗は休業補償をもらって店を閉じたが、ホストクラブがネオンの灯りを消すことはなかった。

行き場をなくした若い女性たちはホストクラブに集まるようになり、結果としてホストブームに拍車をかけることになった。

不動産バブルと闇ビジネス

「歌舞伎町には、まずホストクラブとかキャバクラ向けの大きな箱（店舗物件）があって、それの周辺店用の10坪、20坪くらいの中小の箱にすごい需要がある。でも、その中小のテナントがいっさい空いてない。いまは空いたらすぐに申し込みが殺到する。瞬間的に10件、20件の申し込みが入る。歌舞伎町の不動産屋にコネがあったり、ある程度付き合いがある人から、表に情報が出る前に申し込みが入っちゃう。だから歌舞伎町で店を出したくても、物件を探すのがめちゃめちゃ難しいわけ」

いま歌舞伎町の物件は争奪戦になっている。不動産屋が募集広告を出す前に申し込みが入るので人脈や情報がないと借りることができない。

仮に物件が見つかったとしても、店を出したいホストやホス狂い、風俗嬢や水商売関係者では入居審査に通過しない。歌舞伎町で物件を契約するまでの道のりは長いのだ。

「水商売はいい加減な人が多いし、収入がちゃんと証明できなかったりする。だから多くの人は正規のルートで店舗を借りることができないわけ。だから当然のように転貸が横行する。たとえばAさんが20万円で借りた物件を、Bさんが30万円で借りて、Cさんが40万円で借りる、みたいなことがあちこちで行われている。もともとの家賃が20万円でも、平気で50万円くらいに跳ね上がっちゃう。だから歌舞伎町の家賃はめちゃめちゃ高い。必然的に客単価が上がっていく。こうなったのはコロナ以降、この2、3年で転貸が急激に増えた」

歌舞伎町の不動産関係にルートがある崎岡さんは、昨年（2021年）から転貸の副業を始めた。歌舞伎町二丁目にある小さな店舗を月25万円で借り、15万円を上乗せしてコンカフェ経営者に月40万円で貸している。

転貸は大家との契約で禁止されているので、バレないようにこっそりと行う。

「歌舞伎町に出店したい。でも、契約ができない人を探す。それか転貸先を持っている人を探す。歌舞伎町は横のつながりが強いので、すぐ見つかる。僕の店子探しはカラオケメーカー経由、カラオケメーカーの営業マンがどんどん紹介してくれる。歌舞伎町はA社とB社がシェアを争っていて、お互いとにかくお客（カラオケ機が設置できる店舗）を押さえたい。だから彼らが転貸先を紹介したら、必ず自社のカラオケ機を入れろってなる。カラオケメーカーは歌舞伎町の水商売関係者のネットワークを持っていて、あの人は信用できるから大丈夫、みたいな感じで、どんどん転貸先を紹介して出店させる」

歌舞伎町の店舗を借りるには、家賃10カ月分程度の保証金など初期費用がけっこうかかる。転貸先から保証金100万円を預かってリスクを減らして、月25万円の物件を月40万円で貸せば、家賃だけで年間180万円の利益となる。

年間5％程度の一般的な不動産投資と比べると、歌舞伎町の店舗転貸の利益率は圧倒的に高い。崎岡さんは現在2店舗を契約しているが、転貸先はあっという間に見つかっている。

歌舞伎町に出店したい借り手はいくらでもいるので、空き店舗の情報があればどんどん申し込みを入れているという。

“ホス狂いの風俗嬢”は東北の優等生

「大学進学で東北から上京しました。いま住んでいるのは神奈川県にある大学の近くで、家賃は4万5000円なので割と安い。生活費と家賃は親が払ってくれています。学費は免除、給付型の奨学金を利用しています。高校のときの成績はよかった。大学でも高成績をキープしています」

現役女子大生のホス狂い、尾島美幸(仮名、21歳)は理知的な雰囲気をまとう清楚な女の子だった。神奈川県にある中堅私立大学に通う大学3年生。入学試験の点数が高得点だったので学費は全額免除となっている。

外見だけでなく、実際に優秀な女の子だった。高校時代は強豪サッカー部のマネージャーを3年間務めて、高校3年間の平均評定は4・6。絵に描いたような優等生だったという。父親は県庁勤務、母親は司法書士で地方では文句なしの家柄だった。毎月家賃を含めて10万円の仕送りをもらっている。

そんな彼女は、いまホス狂いである。

大学以外の時間はすべて女子大生専門のデリヘルで働き、少ない空き時間を見つけてパパ活もしている。デリヘルとは無店舗型ヘルスという業態で、本番以外のすべての行為を提供する内容でハードな仕事だ。

風俗客は中年男性がメインで、風俗嬢たちは彼らの欲望の的となる。受け身好きの男性には全身と陰部を舐め回して責め、責め好きの男性には肉体のすべてをとことん舐め尽くされたりする。そして口の中や肉体のどこかで精液を浴びる。彼女はそうして稼いだお金を、すべてホストクラブで使っている。

高校時代、サッカー部員たちの憧れの存在だった優等生は、どうして歌舞伎町のホス狂いになってしまったのか。

「ホストクラブに行くようになったのは、今年（2022年）3月から」

出会いはマッチングアプリのTenderだった。1歳年上のイケメンからLikeが来て即座に返信した。メッセージで意気投合して、すぐに会うことになった。

「出会ったとき、好きだった彼氏とお別れした直後で自暴自棄になっていた。彼氏は就職を控えていて、よくわからない理由でフラれて、かなり落ち込んでいる時期でした。マッチングした彼とご飯に行くことになって、そこで『ホストクラブに来てみない？』って誘われました。年齢的にも二十歳になったし、ホストに行ける年齢だなって。ホストクラブは前から興味があって行ってみたいと思っていたので、誘いに乗って行きました」

太客を育てる「育て営」の標的に

担当の名前は凌馬（仮名、22歳）としよう。凌馬は彼女より1つ年上の現役大学生。２０２２年1月にホストになっている。

マッチングアプリのTenderはホストの集客ツールに利用されているという。どこの店でも女性客を持っていない新人ホストは、Tenderを頑張るように先輩ホストに指導される。ホストは女性客に店でお金を使ってもらって、その半分が収入になる仕事なので集客は最重要な仕事となる。

女性客を持たない新人ホストや売れないホストは、営業時間中はヘルプや初回女性の接客をしながら、営業時間外はずっとTenderをやっていたりする。

ホストは友達や恋愛相手を探すわけではないので、女性たちに無差別にLikeを押していく。反応を待つ。イケメンなのでどんどんマッチングする。すさまじい人数の女性たちとメッセージのやり取りをして、時間をつくって食事やデートもする。

そうやってなんとかホストクラブに誘って客にしていく。草の根を分けて捜すように女性客を掘り起こしていくのだ。

尾島美幸と凌馬は２０２２年3月にTenderでマッチング、すぐに一緒に食事をした。食事の最中に凌馬からホストクラブに誘われた。

「最初の食事中に『ホストクラブに来てみない？』って言いくるめられた。実際に行ったらホストクラブは本当に楽しかったし、担当にもだんだんと惹かれていった。担当は私の話を全肯定してくれた。彼氏にフラれたことを忘れられるくらい楽しかった。お酒も好きだし、カッコイイ男の人たちと飲むのが楽しかった」

初めて会った日、そのまま同伴して初回に行った。閉店後、アフターは近くのラブホテルに泊まった。二人は会ったその日に肉体関係になっている。食事中と店、アフターのバーとラブホテルで、凌馬にいろいろな話をした。

好きだった彼氏にフラれたこと、フラれた理由がわからないこと、高校時代は真面目でサッカー部のマネージャーをしていたこと、大学院に進学したいこと、そして中学生時代に兄が自殺したことがトラウマになっていること——凌馬はすべての話を真剣に聞いてくれた。

「私、カッコよくて落ち着いている人が好きで、担当がとことん話を聞いてくれたのが大きかった。兄を自殺で亡くしていて、ちょうど命日が3月だった。私にとって3月は気持ちの変化が激しい月で、担当はそういうことを理解してくれた。兄が自殺した理由はいろいろあるけど、母親と同じ司法書士の道を目指して途中で挫折したから。優等生で挫折とか経験ない人だったので、自分で自分を追いつめて自殺しちゃった」

尾島美幸は自分のことを理解してくれたと思って、凌馬のことが好きになった。好きな人を喜ばせてあげたかった。誘われたらホストクラブに行くようになり、3回目のときにシャンパンを入れている。会計は20万円を超えた。

上京して一人暮らしを始めてから、ずっと居酒屋でアルバイトをしていた。週3日以上は働いて、収入は月7万～10万円。両親の仕送りもあったので40万円くらいの貯金があった。20万円のお会計は貯金から支払った。

「請求金額は高かったけど、ホストクラブだし、そんなものかなって。それからは残りの貯金と、親からの仕送りをバレないように使って店に行くようになった。頻度は週1とか2とか。それで担当からの〝育て〟もあった」

時間をかけて細客を太客やエースに育てる「育て営」のことだ。店以外でも店休日に富士急ハイランドやディズニーランドでデートしたり、普通の大学生カップルのような時間を過ごした。店休日のデート代は凌馬が出してくれた。

状況が変わったのは出会って2カ月が経った5月。

凌馬から「来月の誕生日、美幸ちゃんにタワーをやってほしい。お願い」と頼まれた。タワーとはシャンパンタワーのことで100万円以上かかる。

シャンパンタワーのために「裏引き」

シャンパンタワーは最低価格100万円で上限はない。

毎週のホストクラブ通いで貯金も尽きていた。突然、100万円と言われてもとても用意できない。現役の大学生が1カ月間でその金額をつくる選択肢は一つしかなかった。

「マジかってなった。私は押しに弱い。それと誰かに必要とされたい人間だったので、すごく悩んで夜のお仕事(風俗)を始めることにした。この話を他のホストにすると、すごいよ、なかなかいないよって言われます。それまで彼が休みのときにデートしてくれてたし、一緒にいる時間が多かった。距離が近い存在だったし、なにより好きだったし、自分でできることならば、彼のためにしてあげたいって気持ちになった」

風俗嬢になることを決めて、誕生日にシャンパンタワーができるように頑張ることを伝えると、凌馬だけでなく店の代表や幹部も大喜びだった。

シャンパンタワーを実現するために、すぐに生活を変えた。店長に謝って居酒屋のシフトを大幅に減らし、歌舞伎町で声をかけられたスカウトマンに連絡をして風俗店を紹介してもらった。

「中央線沿いのデリヘルに面接に行って、その日から働きました」

風俗で働く理由は100パーセント、ホストだった。初めて中年男性と性的な行為をした。嫌だったが、お金のことで頭がいっぱいだった。

「目先ですぐにシャンパンタワーのお金が必要だし、これからホストクラブに通い続けるためには風俗やらなきゃいけなかった。そう思っていました。だから風俗を始めました。風俗経験はまったくありません。知らない男性相手に性的なことをするのは、最初は嫌というか緊張したけど、1週間くらいで慣れてなんとかなった。あとはお金のためって割り切っていました」

大学の知り合いに会わないように、離れている繁華街を選んだ。大学の授業が終わったらデリヘルの待機所に駆けつける。空き時間があるのでレポートは待機所で書いた。

100万円に追われていたので、翌日の始発まで客をとった。そして家に帰って2時間くらい眠って、1限から大学に行った。

風俗嬢になってコンスタントに月70万〜90万円を稼いだ。そこから10万円程度の必要な生活費を除いて、すべてホストクラブで使っている。新人だった凌馬の成績も上がった。気づけばナンバー2になっていた。

「デリヘルは朝5時の始発まで。週4日出勤して、一日につくのは多いときで4人とか。大学だけでも忙しいのに、めちゃめちゃ大変です。カラダを壊すかもってくらい働いています。風俗では裏引きもしています。本番です。だいたいお客さんが『本番、いくら?』って聞いてくる。プラス1万円以上をもらってやっています」

空いている時間はすべて風俗出勤。始発まで働いた。もう何人の中年男性と肉体を交わしたのかわからない。風俗嬢になって1カ月半、怒涛の性行為まみれだった。朝まで男性客をとり続けて、男性が求める本番も売って、なんとか100万円をつくった。

風俗客からのプロポーズと5万円

2022年6月中旬、歌舞伎町。凌馬の誕生日イベントをシャンパンタワーが彩った。

「最低金額でやらせてもらったので、シャンパンタワーは100万円でした。正直、悩みました。一度途中でやめたいって離れようとした。代表とか幹部から期待されているプレッシャーがキツかった。店としても太客候補というか、私がどんどん育っていくので『頼むね〜』みたいな」

睡眠時間を削って無理して風俗で働いたが、実際は6月の誕生日イベントまでに100万円をつくれるか微妙だった。

デリヘルを始めた最初の頃、男性客で尾島美幸にガチ恋する中年男性が現れた。50代の未婚男性で、初めて指名された日から「付き合ってほしい」「結婚してほしい」と言われた。その男性客には「大学の授業料のために働いている。勉強するために風俗している」と言うと、男性客は彼女に同情して泣いてしまった。

「シャンパンタワー代はこの人に助けられました。出会ったときから、好き好きみたいな感じでした。何しても可愛いって言ってきて、『本番したい。ひとつになりたい』って言われたとき、私もまだ相場をわかってなくて5万円って言った。そうしたら本当に5万円を払ってくれた。それからずっとその金額です。その人は週1で来てくれて、お店のお金も払っているのでかなりの金額になっています」

風俗嬢になってコンスタントに月70万〜90万円を稼ぐようになってから、頻繁にシャンパンを下ろしている。一度の会計は20万〜40万円。プロポーズされている50代の男が支払ったお金は、シャンパンタワー代に消え、ホストクラブに流れることになった。

そして、先月から空き時間を見つけてパパ活も始めた。パパ活アプリに登録して顔合わせと食事を繰り返している。1週間前、歌舞伎町の喫茶店で会った40代既婚男性が「デートは週1～2、大人あり。月20万円」の条件を出してくれた。好条件なので、尾島美幸は「よろしくお願いします」と即答した。

彼女が育って支えたことで、凌馬はホストとして着々と上に昇っている。そして二人の関係にも変化が訪れる。

「実は先々月（9月）に担当に『付き合ってほしい』って言われた。だから担当は彼氏なんです」

尾島美幸は恥ずかしそうに言う。

ホス狂いの友達や他のホストは「本営」というが、彼女は疑わないで信じることにした。でも、ひとつ悩みがある「担当と全然肉体関係がない」ことだ。

「会った日、それとシャンパンタワーの直前にヤッただけで2回しかしていない。付き合っているのにないのは、どうしてだろうって。それが悩み。もしかして本カノがいるのかなとか疑ったり、それで悩んだり落ち込むけど、一緒にいてくれるし、楽しいからいいかって深く考えないことにしました」

彼女は凌馬と付き合うため、いまの女子大生専門デリヘルで働き尽くしという状況だ。先日、疲労で倒れている。さらに、これからは定期パパとの週1セックスデートが決まっている。もっと忙しくなる。

尾島美幸は大学3年生、凌馬は大学4年生。2人が出会ったのは大学キャンパスではなく、歌舞伎町だった。歪な恋愛はまだ続いていく――。

タバコの煙量がすさまじい女

北村アジミ（仮名、26歳）というホス狂いに会うために吉祥寺に向かっている。吉祥寺は23区外の東京都武蔵野市に位置し、新宿からはかなり離れている印象だったが、中央線快速に乗るとわずか15分で到着した。

ホス狂いだった北村アジミは、ずっと新宿に住んでいた。事情があって2カ月前に武蔵野市の実家に戻っている。実家近くの喫茶店に来てくれるならば、というのが取材の条件だった。

指定されたのは、吉祥寺駅前にあるチェーン系の喫茶店の喫煙席。胸元が空いている黒いワンピース姿の、それらしい女性はいちばん奥にいた。声をかけて挨拶した。「よろしくお願いします」という声が返ってきて反応は悪くないが、テーブルにある3箱のタバコをいじり続けているので不自然だ。

北村アジミは太っていて、よく見ると目が少しうつろだ。精神疾患の薬の副作用だろうか、まともな会話ができる状態とは思えなかった。

精神疾患は珍しいことではないが、彼女が特徴的だったのはタバコの吸い方だ。テーブルの上にタールとニコチンが強烈にきついショートホープ、セブンスター、ラッキーストライクの3つのタバコを並べている。その3つのタバコをひたすらふかす。

一般的にタバコは火をつけて煙を吸って、その煙を飲み込んで肺に入れる。そして味わってから煙を吐き出す。しかし、彼女は火をつけて吸って、口のなかに濃厚な煙が充満した瞬間にその煙を吐き出す。煙を味わうことなく吐き出すため、再びすぐに吸う。一般的な吸い方の3、4倍の早さでタバコが短くなる。とにかく煙量がすさまじいのだ。

タバコが短くなるとちゃんと火を消さないで灰皿に捨て、即座に新しいタバコに火をつける。間髪入れずにずっと吸う。灰皿から煙が立ち昇り、さらにものすごい勢いで煙を吐き出すので、座席周辺はとてつもない量の煙に包まれていた。

この席の周辺は火事の中にいるような状態だ。喫煙者の筆者でも頭痛がするほどだ。隣の席の喫煙者は別の席に移ってしまった。彼女は自分の迷惑行為にまったく気づいていない。

趣旨を説明してコミュニケーションをとるのは難しそうだ。とにかく素早く短い質問を投げて反応をみる、という作戦でいくことにした。

セックス無間地獄の日々

――新宿で一人暮らしをしていたの？

アジミ　元カレと西新宿に住んでた。3年くらい前にちょっと病気しちゃって統合失調症ね。

――どうして統合失調症に？

アジミ　元カレがＤＶ気質で包丁を持ち出されたり、ハサミやカッターを持ち出されて殺されかけたり。元カレはホスト。いまはホストクラブの社長。殺されかけた理由は、私が店に来なかったから。

――客とホストという関係から付き合ったの？

アジミ　私、歌舞伎町のセクキャバで働いてた。元カレは客として酔っ払って来て、それが出会い。なんか、その日に同棲しようって口説かれた。

――風俗客とすぐに同棲したの？

アジミ　その日に結婚しようって言われて、引っ越した。割とすぐに同棲した。でも、結婚詐欺に遭った。

――お金、盗られたの？

アジミ　そう。ホストクラブに来いって。そう言われて、いつの間にかほぼ毎日ホストクラブに行くことになった。しばらくしてセクキャバ辞めてソープで働いて、その稼ぎは全部盗られた。

――ソープに移ったのは、もっと稼ぐため？

アジミ　毎日、ホストクラブに行くので、セクキャバの収入だけではやっていけなくなった。一日の収入より、ホスト代のほうが高かった。

――彼氏にソープに行けって言われたの？

アジミ　彼氏は「ソープのほうが稼げるよ。俺の歴代エースはソープで稼いでいた」って言ってきた。お前も俺のために頑張ろうね、みたいな。元カレに紹介されたスカウトマンに吉原の格安店を紹介された。

――お客はどれくらいついたの？

アジミ　朝10時〜24時まで、一日10人とか。週6でだいたい毎日10人。大変。ソープなので10人とセックスをするから、体力も使う。汗も流す。それで痩せちゃってメンタルも壊した。

月収13万円、地元スーパーの元店員

北村アジミは26歳。8年前の高校卒業後、地元のスーパーマーケットで非正規労働をしていた。収入はフルで働いて13万円程度だったが、親には家を出るように言われて家賃5万円のアパートで暮らしていた。月13万円程度の収入で一人暮らしは苦しい。スーパーマーケットは1年半で辞めた。

そして、20歳になってから歌舞伎町にある有名なセクシーキャバクラで働いている。セクキャバ嬢になって収入は月40万〜60万円に上がった。22歳のとき、その有名店にホストの元カレが客としてやって来た。同棲することを提案されて、すぐに西新宿に引っ越して同棲を始めている。

――ソープランドに週6、一日10人だと月200万円は稼いでいた？

アジミ　200万円以上。毎日ほぼほぼだから。あと家賃がクソ高いところに住んだ。1LDKで月14万8000円だった。

――どうして西新宿なの？

アジミ　そのときはホストクラブに行っていて、別の担当がいたから。勤務先も遊び先も歌舞伎町だから、通いやすい場所かなって。

――歌舞伎町デビューは、そのセクキャバ？

アジミ　20歳のときにセクキャバで働き出して、ホストは21歳から。セクキャバの先輩に「ホストに連れて行って」って頼んで初回に行った。

――どうしてホストにハマったの？

アジミ　そのときはハマってない。たまに行っていただけ。先輩はハマってた。私は絶対にハマらないっていう気持ちでいたけど、元カレと出会ってハマっちゃった。

――どうして元カレにハマったの？

アジミ　その人、悪い奴。私、結婚詐欺に遭った。ずっと「結婚しよう！」って言われて本気にしていたから。

――プロポーズされたから店に行ったの？

アジミ　そう。結婚したかったから。でも嘘だった。

出刃包丁を片手に「働け！」

セクキャバの嬢と客として出会い、その日に同棲することを決めている。しばらくしてプロポーズまでされている。プロポーズからすぐ、元カレのホストの提案でソープに移籍してホス狂いになった、という流れのようだ。話が飛んでいるので、もう少し詳細を聞いていく。

——セクキャバの客だった元カレと、どういう感じで恋人になったの？

アジミ　ホストで出会った初日、7回セックスしたから。

——アフターってこと？

アジミ　アフターしてあげたの。それで焼肉に行って、そのあとホテル。朝まで7回エッチして、何度も何度もセックスしているうちに好きになった。

——元カレの何がよかったの？

アジミ　チンコの形がちょうどよかった。大きかったし。

——形と大きさがよかった？

アジミ　そうそう。だから結婚してもいいかなって。

セクキャバでは月40万～60万円ほど稼いでいた。歌舞伎町の徒歩圏で家を探し、西新宿の家賃14万8000円の賃貸マンションを契約して引っ越した。引っ越し費用はすべて北村アジミが負担した。

——元カレとは何年くらい一緒に暮らしたの？

アジミ　1年くらいかな。

——同棲生活はどうなったの？

アジミ　セクキャバ辞めてソープで働くようになって。毎日、ホストクラブに行くようになった。働いているかホストかだったので、家でどうだったか覚えてない。

——何が原因で元カレに暴力をふるわれたの？

アジミ　ソープの仕事が大変すぎてちょっと鬱っぽくなって、しばらく休んだことがあった。収入がないからホストに行けなくて、それで暴れ出した。

——毎日ソープに行っていたのに、病気で行けない日があった？

アジミ　そう。暴力でまた病んで鬱になって、もっと働けなくなった。

——鬱はカラダが動かないし、働くのは無理だよね。

アジミ　元カレは暴れるだけじゃなくて、包丁を持ち出してきた。出刃包丁。包丁をつきつけられて「働け！」「ソープ行け！」って、何度も何度も脅された。

――「働かないと刺すぞ！」ってこと？

アジミ　うん。とにかく怒鳴りまくる。そんな感じで病気がどんどんおかしくなって、最終的に統合失調症になっちゃった。

体調不良でソープに出勤できなくなって、家賃と生活費を稼ぐ程度の出勤をするのが精一杯になった。体調不良のときはホストクラブには行けない。それを元カレに伝えると激怒したという。

元カレは働け、吉原に行けと暴力をふるい、それでも出勤しなかったので出刃包丁を持って脅した。彼女の精神疾患がさらに悪化し、結局、働かせることはできなかった。元カレは家を出て行って別れることになった。

「本営」という名の結婚詐欺

北村アジミと話して25分くらいが経った。あまりの煙たさに筆者は限界に達していた。

彼女は左からショートホープ↓セブンスター↓ラッキーストライクと並べ、なぜか1本ずつ左から順番に吸っていく。間髪なしなので尋常ではない煙量で、喫煙者の筆者でも限界になるほどだった。

隣席のサラリーマンはすぐに移動し、同席の編集者は体調不良を訴えてトイレに行ってしまった。そのような状態になっても、彼女は自分に原因があることを理解していなかった。店員が来て注意、もしくは追い出されるのは時間の問題だった。

――統合失調症までになると、どういう症状なの？

アジミ　幻聴、幻覚とか。人から「死ね！」って言われる感覚とか、それで上野駅で自殺未遂起こしたから。

――どう自殺しようと思ったの？

アジミ　駅前に大通りがあるんだけど、そこに飛び込んで車に轢かれて死のうとした。そしたら女の人が助けてくれた。

――走っている車に飛び込んだの？

アジミ　そうそう。上野駅だったのは吉原の近くだから。帰りに「死ね、死ね、死ね」って幻聴があって、死のうかなってなった。

――どうして助かったの？

アジミ　女の人に「お姉さん、ダメ！」って言われて。大丈夫だよ、私がいるからって。警察を呼んであげるねって助けてもらった。その女の人がいなかったら絶対に車に轢かれてた。助けてもらってよかった。

――無理して働いていたの？

アジミ　元カレに暴力ふるわれて無理して働いたけど、ツラかった。

もうひとつ、結婚詐欺とはなんなのだろうか。北村アジミは「結婚しよう」とプロポーズをされてから、元カレのホストクラブに通ってソープランドに移籍している。

――結婚詐欺っていうのは、どういうことなの？

アジミ　結婚して将来は子どもをつくろうねって言われた。庭のある大きな家に住んで、犬を2匹飼ってって言われて。犬が欲しかった。だから元カレに「犬を飼いたい」って言ったら、最初は1匹だったけど、2匹飼おうってなった。

――結婚のために独立して成功する必要がある、だから支えてくれってこと？

アジミ　そう。元カレは独立してうまくいったけど、若いときに千葉で経営した店の借金がまだ残っていて、それを返さなきゃいけないって言っていた。

――だから、もっと稼いできてくれってこと？

アジミ　そう。だから月200万円稼いでいたけど、家賃、食費、携帯代以外は全部ホストクラブに使った。最低料金が1万3500円だけど、シャンパンとかクリスタルとかジュベリーとか頼む。高いお酒を頼む。ドルフィンとか。

――結婚詐欺って思っていることは、どこかで気づいたの？

アジミ　友達に言われた。それ、結婚詐欺だよって。それって「本営」だよって言われた。最初わからなかったけど、あとからわかった。

――本営って、なんでしょうか？

アジミ　ホントは好きじゃないけど、好きっていうホストの営業。金のためにみんなやっている。金のために。本営がいちばん手っ取り早い営業方法だから。

――本営だから目を覚ましなよ、って友達に言われた？

アジミ　そう。私はそのときにそうは思わなくて、別れてから気づいた。だからいまはもう会いたいとも思わないし、連絡も来ない。

精神病院から退院後に窃盗・逮捕

その元カレはいまも歌舞伎町でホストクラブを経営している。

北村アジミが精神疾患によって満足に働くことができなくなって、同棲していた元カレは西新宿の部屋から出て行った。３年前、２０１９年の出来事となる。残された北村アジミは無理してソープランド勤務を続けたが、度重なる元カレからの暴力と、結婚という夢がなくなった喪失感で病状は悪化した。

――西新宿で一人暮らしになって、そのあとどうなったの？

アジミ　おじいちゃんと親に病気のことを気づかれて入院しろって。それからも何回か自殺未遂みたいことをして、それと毎日リストカットとか。それで気づかれた。それで精神病院に入院したって感じ。

——どれくらい入院したの？

アジミ　3カ月間、精神科病棟に閉じ込められるみたいな感じ。

——入院中、何をしてたの？

アジミ　漫画を読んだ。あと、散歩。院内散歩。

——それで入院してるとき、本営だって気づいた。

アジミ　そう。わかったときは、ちょっとイライラした。嘘をつかれたのが悔しかった。

2019年末に退院、ソーシャルワーカーの勧めで生活保護を受ける。実家近くにアパートを借りて、しばらく通院しながら静かに暮らしていた。

——退院してから、どうしたの？

アジミ　生活保護を受けて、しばらく静かにしていたけど。パパ活とか風俗とかまた始めた。それで大久保公園で知り合った女と一緒に住むようになった。

——それは、いつ？

アジミ　去年（2021年）の夏かな。立ち（街娼）をやっていた同じ年齢の子で、なんか意気投合した。その子は漫画喫茶暮らしのホームレスで、家がないって言ってたから。

――その子はどうして立ちをやっていたの？

アジミ　ホストに使ってるから。詳しくはわからないけど、立ちとデリヘルやっていた。ホストにお金を全部使うから、部屋を借りるお金が貯められない。だからホームレスだって。

――それで一緒に暮らすことになったと。お金はどうしたの？

アジミ　全部、私が払った。私の名義で大久保に部屋を借りた。

――でも生活保護だったんでしょ。

アジミ　生活保護は、同じくらいの時期にデリヘルで働いているのがバレてダメになった。ホストにも行っていなかったし、お金は少しあったから部屋は借りることはできた。

――その友達とは、どんな暮らしになったの？

アジミ　半年くらい一緒に住んでいたけど、その子が男を連れ込むようになって追い出された。ダメになった。

――でも、家賃は払っていたんだよね。

アジミ　それと私、逮捕された。それでアパートが解約になった。

――逮捕って、何をしたの？

アジミ　窃盗。寝ている人の財布を盗んだ。

――それは酔い潰れていた人の？

アジミ　そう。歌舞伎町じゃなくて●●駅西口。●●だからいいかなと思ったけど、警備員がいて現行犯逮捕された。

――お金に困ってたの？

アジミ　パパ活をして10万円くれる人と、●●駅西口で待ち合わせた。すっぽかされちゃってイライラしてやっちゃった。

そして、実家に戻った。いまは実家で暮らしている。家賃はかからないし、ホストクラブにも行っていないので、お金はそんなに必要としていない。茶飯だけのパパ活をしていて、顔合わせや食事だけで月5万円くらいは稼げている。

「いまいちばんかかるのはタバコ代。パパに買ってもらっているけど足りない。それとパチスロやってる。負けるとキツい」

会ってから40分くらい経った。タバコを持つ指先の震えと携帯をいじる手が止まらない。そろそろ限界のようである。おそらく発達障害で集中力が保たないのだ。お礼を言って話を終わらせた。

異常なタバコの煙まみれのところに45分～1時間いたことで、彼女を見送ってから眩暈《めまい》がした。髪の毛も服も煙まみれ、おそらくホームレスみたいな臭いがしている可能性がある。これでは電車に乗って帰れない。ユニクロでシャツとジーパンを買って着替えてから、中央線に乗って新宿に戻った。

4人のホス狂いに話を聞いたが、完全に壊れていた北村アジミだけでなく、全員見事に不幸な状態に陥っていた。

歌舞伎町二丁目のホスト街には、女の子たちに限界を超えた消費をさせるシステムができ上がっていた。関わってしまった女の子たちは、唯一の価値である若い肉体を酷使し、過剰な消費に走って最終的には壊れていく。

ホストを批判するわけではないが、昭和から平成に数々の女性たちを壊してきたアダルトビデオ業界、そして無数の依存症と経済破綻を生んだパチンコ業界は社会悪のターゲットとされて厳しい法規制が入っている。

令和のホストクラブが同じ道をたどるのは、時間の問題だろうという印象を持った。

第四章　売春という生存戦略

歌舞伎町唯一のヤクザ専門居酒屋

2022年10月28日、金曜日の19時。

ホス狂いの女性たちの取材の合間、編集者と懲役15年の刑を受けて先日満期出所した元ライターと居酒屋で飲んでいた。

懲役15年の判決が下ったと聞いたとき、彼とはもう会うことはないと思っていたが、17年の歳月を経て歌舞伎町で再会した。たしか、最後に話したのは2004年12月。彼は「(起こした事件は)全然大丈夫、なんの問題もない。もう新しい事業で忙しいから」みたいなことを話していた。

最初の逮捕は証拠不十分で釈放されたものの、彼の態度、さらに記事やブログで警察を煽ったことで所轄警察署を激怒させていた。

怒った警察は別の案件を執念で事件化し、彼は翌2005年に再逮捕された。事件は大々的に報道されて、「鬼畜」「史上最悪」と炎上に炎上を重ねた。世間から大非難されて、結果、懲役15年の判決で投獄されてしまった。そして、事件から18年間が経った現在も、炎上の残り火はある。

彼は前代未聞の事件を起こした人物で、世間的には〝最悪の鬼畜〟とされているが、実は昔から多才で有能な人だった。当時からライターとしての雑誌への寄稿は仕事のほんの一部で、上場を目指すベンチャー企業の役員をしたり、小売業をしたり、歌舞伎町で風俗スカウトの仕事などをしていた。

「ほんと、歌舞伎町のこのあたりは懐かしい。腕が背中から生えている女を、すぐ近くにある誰でも採用してくれる箱ヘル（店舗型ヘルス）に紹介していましたよ。この居酒屋のすぐ近くです」

あまりにも長い刑務所生活がツラかった話から、2000年代の歌舞伎町の話に変わった。この居酒屋がある路地は零細店舗が並ぶ商店街で、逮捕前の2004年頃まで「誰でも必ず採用する店舗型ヘルス」が存在していたようだ。

「どんな女って、背中から腕が生えているって、そのままですよ。●形っていうんですか。風俗のスカウトをしていると、そういう女を扱うことがあるの。俺だけじゃなくて歌舞伎町のスカウトはみんな、そういう女をそのヘルスに送り込んでいたから」
●形専門店とは風俗をある程度知っている筆者でも、まったく知らない世界だ。彼によると、風俗店で働きたい●形の女性は少なからず存在して、就業のためにスカウトを頼るようだ。自力で働ける店舗を探すことはできないので、歌舞伎町のその店舗型ヘルスに送り込まれる。仕事先を紹介した女性たちには、深く感謝されるという。
「ナカムラさん、あとこの居酒屋もワケありですよ。わかります？」

この店は彼が選んだ赤提灯系の古い居酒屋である。

メニューは美味しくもなければ不味くもない。何も気にならない普通の安価な大衆店である。

店内は混んでいる。隣の座敷には8人組の中年男性、4人掛けのテーブルにも初老の男性のグループ、それに2組の若者グループがいた。

「実はこの店、歌舞伎町唯一のヤクザ専門居酒屋です。そこの若者たちは間違って入店してしまった大学生で、あとは全員が現役ヤクザ。暴力団追放のあおりでヤクザが飲める店は歌舞伎町に数えるほどしかなくて、そのひとつ。いまヤクザは暇で金がない、みんな昼間からここで飲んでいますよ」

耳を澄まして聞いていると、隣の8人組グループからは「カシラ」「本部長」という言葉が聞こえる。中年男性たちは全員、現役のヤクザのようだった。

この居酒屋からトー横までは歩いて1分ほど。すぐ近くの大きな通りではZ世代の若者たちが堂々と路上に座り込んで宴会を開き、昭和から平成時代の歌舞伎町をずっと支配していたヤクザは、裏通りの赤提灯に追いやられているということになる。

「いまはもう若い人たちは誰もヤクザにならない。儲からないし、すぐ逮捕されるし、旨味が何もない。ヤクザの貧困化と高齢化が進んでいて、もうどうしようもない状態になっている」

長い刑務所暮らしで、逆にヤクザ事情に詳しい彼は、そう解説してくれる。

「ヤクザはシノギがないから、みんな日雇いの土方をしていますよ。土方をしても組織を辞めないのは、こうやって仲間で集まって飲みたいから。暴力団は金と力がなくなって、もう老人サークルみたいになっちゃっている」

20時。予定どおり、昔からの街娼のメッカである大久保病院前に行くことになった。いつの間にか若者グループは去り、狭い居酒屋の店内はヤクザだけになっていた。ぶつかって飲み物をこぼしたりしないように慎重に移動し、会計して外に出た。

20代の日本人女性がズラリ

すぐ近くの新宿東宝ビルに戻って、シネシティ広場方向に歩く。

金曜日の夜、いつにも増して若者たちであふれ返る。二人組の警察官が複数組、見回りをしている。警察官は全員「暴力団追放」の腕章をしている。

シネシティ広場に隣接する地上48階の東急歌舞伎町タワーは竣工間近。未成年カップルの飛び降り自殺があったアパホテル新宿歌舞伎町タワーもある。超高層ビルディングが建ち並ぶ、昔の歌舞伎町にはなかった風景が見える。アパホテル横の道を北へ通り抜けると花道通り、横断すると歌舞伎町交番となる。

歌舞伎町交番の裏側に大久保病院はある。大きな建物を半周して、大久保病院の正面入口と大久保公園の間にある路地に到着した。ここが〝立ちんぼの聖地〟と呼ばれるハイジア裏(大久保病院前。病院の隣に都の健康施設「健康プラザ　ハイジア」があるため昔からこう呼ばれる)である。

異常な光景があった。20代の日本人女性たちが数メートルの間隔を空けてズラリと立ち並ぶ。

街灯も明るく、まるでショーケースに陳列されているようだった。20時台はピークだ。女性の数を数えてみると15人いる。女性の周辺には少し離れて20人ほどの中年男性が待ち構え、女性たちは次々と男たちに声をかけられる。

隣の大久保公園では「大つけ麺博2022」が開催中だった。ラーメン客と売春女性と買春男が入り乱れる。まるでお祭りだった。ハイジア裏は数十年前から街娼スポットとして有名で、筆者も何度も通ったことある場所だ。しかし、お祭り状態というのは初めての経験だった。

歌舞伎町の街娼スポットで、いったい何が起こっているのか。

路上の女性たちはみなマスク姿で、スマホ片手に俯いている。マスク越しでも20代の若い日本人女性であることはわかる。貧困状態が見た目でわかる女性や中年女性は、ほとんどいない。おそらく9割以上は、普通の一般的なZ世代の女の子だ。

街娼は売春防止法で厳しく禁じられている行為である。

摘発があって逮捕されることもある。昭和・平成時代までは、貧困などの事情を抱えた女性たちが最後の手段として街娼行為に手を染めていた。売春防止法は戦後の戦争未亡人の街娼行為を取り締まるために制定された法律で、売春は厳しく法規制されている行為である。

いま目の前で立ちんぼをしているのは、元気そうなZ世代の女の子たちだ。少なくとも戦争未亡人のような状態ではない。

違法である街娼はずっと女性の転落の象徴として認知されてきたが、いま大久保病院前はお祭り状態だ。違法行為がカジュアル化していた。違法であることを理解しないで立っている女の子もきっといるだろう。

もう少し、目の前の大久保病院前の状況を説明する。

十数人の女の子たちはアイドルの握手会のように病院前の歩道に間隔を空けて立ち、少し離れた大久保病院側に買春男性と野次馬が集う。男は路上に立つ女の子たちを眺めている。すかさず声をかけるオヤジもいれば、スマホ片手に女性たちの写真を撮りまくる若者もいる。完全に見世物となっていた。

新規の女性が立てば、1分もしないうちにオヤジに声をかけられる。立ち話で交渉が成立すれば、二人は近くにあるラブホテルに向かう。

病院の西側には外国人の街娼が立っている。日本人グループと外国人グループは50メートル程度離れ、「区分け」されていた。金髪スレンダーの外国人女性は原色系の派手なボディコン。露出度は高く、みなハイヒールを履いている。香水の匂いも漂ってきて、普通の女の子しかいない日本人エリアとはまったく雰囲気が異なる。

声かけが得意な編集者がいちばん美人そうな女の子に声をかけた。

声かけ一人目、星野恵梨香（仮名、25歳）と30分食事付き5000円で取材の話がついた。近くの喫茶店で話を聞くことにした。

25歳の美女が路上に立つ理由

マスクをとった星野恵梨香は美人だった。

口調や人当たりも明るく、どう眺めても普通の一般的な女の子である。神奈川県で実家暮らし、仕事は非正規の倉庫作業をしている。2022年7月末から病院前で街娼をしているという。

「キッカケはTOHOシネマズの前に、そういう女のコを探しているオジサンたちがいるって知ったから」

違法行為をしている街娼との会話は苦戦を強いられるが、星野恵梨香は一瞬で事情を察してくれて普通に語ってくる。

「(TOHOシネマズに上る)エスカレーター前に雨宿りできるような所があるじゃないですか。そこに立った。お金が欲しかった。そのときオジサンに声をかけられて、条件いくら?って。今日は時間ないから行けないけど、他にオジサンが集まるスポットがあるって大久保病院前を教えてもらって、連れて行かれた。そしたらホントに女の子がたくさん立っていた。オジサンもいっぱいいいた」

星野恵梨香はオジサンに言われたとおり、病院前に試しに立った。中年男性から5秒で声がかかった。2万円という条件を言うと、相手はうなずいたのですぐに近くのラブホテルに行った。それが初めての売春行為だった。

それから時間を見つけては、大久保病院前に行って街娼をするようになった。

「お金が欲しい理由はホストに行きたいから。シンプルにお金を稼ぎたい。私はそんなにボンと使うタイプじゃなくて、飲むのが好きだから回数会いに行きたい。だから一度に使うのは5万円とか、それくらい。週2回は行きたい。だから月30万～50万円くらい欲しい。そのお金を稼ぐために立っている」

どうも、大久保病院前に立っている女の子たちのほとんどはホス狂いのようだ。

星野恵梨香は、担当に恋愛をして入れ上げるタイプではなく、ホストクラブで遊ぶのが楽しくて趣味になっているようだった。どうしてホストクラブに行くようになったのか。

「5月に女友だちと歌舞伎町に3人で行った。そのときキャッチから声をかけられて、ホストどう?って。最初は断った。でも楽しいよって言われて、お酒を飲めるし、安くいけるからって行った。それで、私だけハマっちゃった。お酒を飲むのがすごく好きで、それにカッコイイ人とお酒を飲めるのが楽しい。最高に楽しいと思ったので通っています」

イケメンとお酒が好きなので担当はコロコロ変わる。

「イケメンがいい。ついた担当と飲むのが楽しい。ホストってカッコイイし、話も上手で、ノリいいし話も聞いてくれる。それなら普通のバーに行けよって言われるけど、ホストってやっぱ違う。やっぱカッコイイ人と飲むお酒って特別おいしい。たぶん女の子にしかわからないけど、男の人がめちゃくちゃかわいい女のコと飲むお酒がおいしいのと一緒だよ」

高校卒業後、新卒で地元のスーパーマーケットに就職している。レジ担当になって日々レジ業務をしていた。収入は手取りで月15万円、ボーナスは6万円だった。

低賃金は若い正社員なので仕方ないと思っていたが、残業も多かった。20歳のとき、残業が嫌になって派遣の倉庫作業に転職した。倉庫は残業がなく、黙々とピッキングする作業だった。ラクで性に合っていて5年間続けた。

そんなときに、友だちと歌舞伎町のホストクラブの初回に行った。ホストはライブとチェキ代だけで済むビジュアルバンドや、メンズ地下アイドルとは桁違いのお金がかかった。お金がかかる趣味を持ってしまったので、倉庫以外にメンズエステでも働くことにした。

そして、歌舞伎町の街娼の存在を知って病院前に立つようになった。街娼で手っ取り早く稼ぎたいので、倉庫は辞めた。いまはメンズエステと街娼が収入源となっている。同居する親には「歌舞伎町のコンカフェで働いている」と伝えている。

「1万5000円で渋られる」

星野恵梨香は街娼歴2カ月、歌舞伎町の街娼とは、いったいどのような仕事なのか詳しく聞いていくことにする。

「人が増えてくるのは19時過ぎ。19時くらいに立つと、すぐに声がかかる。『お姉さんは遊べる人？』って言われて、『遊べますよ』って。『いくら？』って聞かれるから、交渉して成立したら遊ぶ。ゴムありで1万5000円。私、ずっと2万円って言ってきたけど、9月になって一気に値段が下がった。いまは1万5000円でやるしかないです」

あまりに安い金額に驚く。20代前半の日本人、スレンダーで美人といういくつもの好条件を持っていてもその金額だという。

「未成年の女の子が安く売っちゃうせいで、それが広まって相場がどんどん下がった。いまはもっと、めちゃ下がっている。ちょっと前までだったらゴム1万5000円は即決なのに、いまはゴムありで1万円でヤッちゃう女の子もいる。最近は1万5000円って言っても、ごめん1万円でいける子を探しているからって断れることが増えた。7月は2万円でポンポンいけたのに、いま2万円でいけたらラッキーなくらい」

売春価格は需要と供給で決まる。ホス狂いの女の子たちがこぞって大久保病院前に立ったことで供給過剰になってデフレ状態になっていた。

40代、50代の中年男性たちが何も知らない未成年の女の子を買い叩いて、その価格が街娼全体に波及してしまっているようだ。

「おじさんが調子に乗って値下げしてくる。1万5000円でめちゃ渋られる。あそこは貧乏なおじさんしかいない」

ネット経由はドタキャンの嵐

立ち話で交渉、1万5000円で合意したとする。どこのラブホテルに行くかは男性が決める。高級ラブホテルに行く人はほとんどいない。大久保病院に隣接する安価なラブホテルを選ぶ。

「部屋に入ってまず雑談。そこからシャワーを浴びる前に前払いでお金をもらって、一緒にシャワーを浴びる。セックスが終わったら、また一緒にシャワーを浴びる。それでちょっとしゃべって一緒にホテルを出て、バイバイみたいな」

取りっぱぐれがないように前金でお金をもらうのは、売春の基本だ。それぞれでシャワーに入るとお金や物を盗まれるリスクがある。だから、一緒に風呂に入る。風俗のように時間が決まっているわけでない。女の子からすれば早く終わるに越したことはない。

「時間は人による。早い人は10分とかで終わる。長い人でも30分とか。でも、私はそんなに長くかかる人に当たったことないかな。早くイカせるためにアソコを絞めつけるとかやっている子もいるけど、私は何もしてない。すぐ終わる人は、シンプルにイクのが早いだけ」

割り切ったセックスだと、ガツガツして体力がある若者より、オヤジのほうがいいという女性もいる。彼女はどうなのだろうか。

「相手の年齢とかあんまり関係ないかな。たしかに若い人って体力があるから時間がかかる。だから回転したい人はおじさん相手でもそれなりに早く終わる人のほうがありがたい。それと若い人のほうが意外と長い時間一緒にいたい、みたいなのが多い。その見極めが難しい。若い人でも早く終わる人もいるし、やってみないとわからない」

客のメインは40代、みんなお金がないらしい。

「スーツ姿のサラリーマンでもお金がない。30代のちょっとスラッとした感じのサラリーマンもいるけど、そういう人たちでも1万円って人が多い。風俗より安いから立ちんぼってことだと思う」

売春価格1万5000円は風俗やパパ活と比較しても、立ちんぼの過去相場を振り返っても、圧倒的に安い。それでも街娼をするのは、短い時間で数をこなすことで売り上げを伸ばすという考え方のようだ。

男性の属性が中小企業経営者が中心のパパ活の場合、彼女だったら5万円以上は取れる。しかし、食事→ホテルというデートの形になるので時間がかかる。

長期的な人間関係を築くパパ活のほうが男性の質はいいし安全だが、大久保病院前に立っている彼女たちは、〝不特定多数で手っ取り早く安価〟という立ちんぼを選択している。

「ムカつくのが『ここで立っているコのなかでいちばんかわいい』って声かけして、2って言ったら、2かあ……って渋る奴。そんなのばかり。みんなお金ないし、ケチ。あと、パパ活はワクワクメールでやってたけど、ドタキャンが多すぎ。待ち合わせ場所まで行って洋服まで教えたのにドタキャン。そんなのばかり。だからサイトは使いたくない。あとは顔がわからないのは怖い。立ちんぼだと顔がわかるのはメリットで、この人とは行きたくないと思ったら断れる。ただ相場が安すぎる、それが一番の不満です」

星野恵梨香の話は終わった。今日は立つつもりで歌舞伎町に来ているので、大久保病院前に戻るという。お礼を言って5000円を渡すと、彼女は病院前に戻って行った。

お会計をして筆者たちも病院前に戻ってみると、彼女はすでにオヤジと立ち話をしていた。オヤジは星野恵梨香と必死に何か交渉するが、すぐに諦めて隣の女の子に移った。おそらく1万円と食い下がったのだろう、と思った。

連れ出し料金3万円——中国人売春クラブ

21時、中国人売春クラブに向かう。お祭り状態の大久保病院前を背にして、区役所通りの方向に歩く。

夜の歌舞伎町二丁目の歩行は緊張する。第六トーアビルなど、いつ飛び降り自殺があるかわからない。危なそうな建物とはなるべく距離を置きながら通りすぎる。

金曜日の夜、ホスト通りは異常に活気づいている。どこを眺めても若い女性たちの姿ばかりで、ホストたちの巨大看板がまぶしく光る。

中国人売春クラブは区役所通り沿いにある。普通のパブラウンジとして営業している。当たり前だが、中国人売春クラブであることは店の看板や外観からはまったくわからない。区役所通り沿いにある老朽化した雑居ビル。エレベーターで昇って英語表記のパブスナックに入った。

「いらっしゃーい！　2名でいいね」

歌舞伎町の繁忙時間帯。しかし、売春クラブにお客は誰もいなかった。

古いキャバレーやキャバクラのような内装で、店内は狭くはない。20席はある。暇だと予想していたのか、女の子は2人しかいなかった。

迎えてくれた王若汐《ワンルオシー》（仮名、25歳）にママの知り合いであることを伝えて、取材をお願いした。写真なし、匿名、60分のセット料金を払うことを条件に取材ＯＫとなった。

この中国人売春クラブは20年前から営業している。

キャバクラのように女性に接客される社交飲食店だが、気に入った女性がいれば連れ出せるサービスがある。連れ出し料金は3万円、店を出て近くのラブホテルに行く。セックス代は連れ出した女性に直接支払うシステムになっている。

「女の子は募集している。日本で売っている中国人だけが読む新聞とか。ロシア人はいまもいる。中国とロシア、台湾、あといまはイラク人もいる。日本人はいない。日本人がいたのは昔、私が入ってから日本人は見たことがない」

王若汐は日本語が、まあまあできる。店のチーママ的な立場で、週5日フル出勤している。3年前に留学生として来日、日本語学校に在籍している。

取材なのでウイスキーは断った。お茶に氷を入れてドリンクをつくりながら語ってくれる。

「女の子は留学生とか、働いている人とか。留学生が中心。国籍は中国と台湾が中心。みんな昼間勉強して、夜になるとここに来る。アルバイトね。みんな、そう。私、いまはフルで出勤しているけど、4カ月くらいやったら休む。ずっと働くと疲れちゃうから。あと最近は全然稼げない。暇、働いても意味がない」

コロナによって客が激減、まったく回復していないようだ。

コロナ以降、歌舞伎町を歩いているのは若い女の子ばかりである。サラリーマンや中年男性は本当に少ない。注意して探さないと見ることができないくらい、いない。

コロナによって歌舞伎町で遊ぶ人間は入れ替わった。ずっと中年男性がメインの客だったこの中国人売春クラブは、厳しい状況にあり、歌舞伎町で営業する限り回復は難しいだろう。

「昨日なんて、お店のお客さんゼロ。誰も来なかった。赤字、赤字。みんなゼロ。連れ出しは、出る子もいるし、出ない子もいる。だから出るのが嫌、店内の接客だけって子は出なくてもいい」

店内で接客してから連れ出し指名が入るので、どのような客かわかる。女の子が連れ出しが嫌な場合は、ママがあたりさわりないように断ってくれる。

「出身は雲南省、ド田舎。両親は農民」

「家は埼玉、埼京線で通っている。戸田公園。川渡ったところ、中国人たくさんいる」

埼玉県の埼京線沿線地域は、昔から中国人の居住地区となっている。川口市は7440人、蕨市は1279人、戸田市は1242人で、中国人比率は1~2パーセントとなっている。埼玉県の玄関口といわれる池袋は北口にチャイナタウンが広がり、日に日に影響力を増している。

「いまどこでも中国だけど、戸田公園と川口はとくにたくさん。留学生は日本語の勉強もあるし、それに昼の仕事、いまは見つからない。けっこう難しい。日本人も失業いっぱいいて、中国人まで仕事が回ってこない。見つからない。ここにいる子、みんな昼間の仕事探している。でも、ない。だからここに来る」

留学生は日本でアルバイトすることを前提で来日する。

日本人と同じく、飲食店やコンビニなどに応募するが、採用は簡単ではないようだ。彼女が言うにはコンビニは中国から来たばかりの留学生を狙って採用するらしく、その理由は、来日したばかりの時期は頑張って働くからだという。

王若汐はこの店のチーママ業務をしてそれなりに忙しい。しかし、他のアルバイトの女の子たちは留学生の就労条件である週28時間をコンビニや飲食店で働き、それだけではお金が足りないので、この売春クラブで働いている。

「出身は雲南省、ド田舎。両親は農民、私は農民の娘。ここにいる女の子たちはみんなそう、農民の娘。農村出身でも上海とか北京に行けるけど、仕事できない。本当に優秀な人じゃないと成功しない。日本のほうがまだ可能性がある。だから日本に来る」

雲南省はミャンマー、ラオスと国境を接する地域で、本当に田舎だ。

王若汐は4人兄妹の末っ子で、地元の高校を卒業してしばらく両親の農作業を手伝っていた。このまま人生を終わらせたくないと、21歳のときに来日。すぐに歌舞伎町に足を踏み入れている。

「どうして日本に来たって、そんなの農村が嫌だからに決まっているでしょ。貧乏すぎる。ご飯、食べれない。肉が食べれない。たまに豚肉、牛肉はない。日本に来たのは21歳だから、日本に来るまで貧乏、超貧乏。留学のお金もいろんな人から借りまくった。都会に行っている親戚とか。日本円で100万円くらい借りて日本に来ているから」

田舎の高校では、卒業して大学進学という選択はないようだ。お金がないのでありえないという。高校を卒業して農民になるか、都会に出るか、海外留学するかの選択を迫られる。若い人たちはみんな農民になることを嫌がる。

「私も日本に留学しようとしたとき、いろんな人に借金を頼んだ。私は友達がいるから紹介で手数料とかはないけど、ブローカーみたいなのもいる。私は関わってない」

戸田公園の中国人留学生専門のシェアハウスで暮らし、売春クラブでフルタイムで働きながら学校に行く。週28時間を超えるので違法労働である。

家賃は水道ガス料金込みで4万円。法律で決まっている就労時間では、とても生活ができない。売春を含めた違法労働するしか生きる道はなく、学校の友達に歌舞伎町のこの店を紹介してもらった。

「セックスしたけど、日本人、結婚してくれなかった」

この売春クラブには19時30分に出勤、翌1時まで働く。日給は一日1万円。

お客が来なかったときは無給なこともある。連れ出され、客とセックスをすると男性客は3万円を支払い、その大部分が女性に還元される。学費と渡航費の借金を抱えているうえに、生活費のすべてを自分で稼がなくてはいけない留学生にとって、売春は貴重な収入源となっている。

王若汐に中国での男性経験や、性的なことを聞いていく。

「エッチなことは中国ではやらない。こっちに来てから。最初は日本人と付き合った。だまされた。日本人にだまされた。結婚するって言われて、しなかった。やっぱりその人のことが好きだったから結婚したかった。結婚したい。純粋にそう思ったけど、フラれた」

恋愛の話を聞いたのに、結婚という言葉が出る。

中国の農村部の女性は結婚願望が強く、恋愛＝結婚という意識が少なからずあるようだ。売春クラブの女性とは思えない話になっていく。

「その日本人とは友達の紹介で一緒に遊びに行った。付き合ってセックスしたけど、日本人、結婚してくれなかった。いろんな女と遊んでいた。だからフラれた。フラれた理由は好きだった日本人の男が、いろんな女と遊びたいから。結婚したくないから。私の地元だったら、そんなことありえない。必ず責任とって結婚する。それが常識、当たり前」

3年半前のその日本人男性との恋愛に対して、まだダメージがあるようだった。

「私、男見る目ないから勉強しないとダメ」と嘆く。肉体関係になって結婚をしないのは非常識、中国の農村部では絶対にありえないことらしい。

中国は上海や北京などの都市部と、内陸の農村部の格差が激しい。

中国では土地は国が所有し、農民はその土地の使用権を持つ。そこで農作物をつくりながら家族が暮らしている。人口14億人のおおよそ5～6割が農民といわれている。

農村部の世帯収入は10万円以下、大学進学は夢のまた夢となる。農作業だけでなく都市部への出稼ぎなど、なんとか家族が生きていくためのお金をつくる。

中国農村部の人々の考えは古く、恋愛は結婚前提という。

地元に残った場合、女性は同じ村の誰かしらとお見合い結婚となる。そして、土地の使用権を受け継いで夫婦で農作物をつくる。そして、夫婦で子どもを育てる。農作業では高い収入は望みようがなく、田舎にいる限り生涯貧乏な生活は続いていく。

王若汐は挨拶していなくなった。もうひとりの朱雨桐《ジュユントン》(仮名、27歳)が席につく。朱雨桐もグラスに氷を入れてお茶をつくってくれる。

売春クラブの客と処女喪失

朱雨桐は日本語学校に通う留学生で「学校で2年やっているけど、日本語そんな得意じゃない。難しい」と言う。日本にいて歌舞伎町で働いている背景は、先ほどの王若汐とまったく同じだった。

四川省出身、農民の娘だった。高校を卒業してから月収9万円の不動産会社で働いた。日本に留学した高校の同級生が日本人と結婚、幸せそうに暮らしていた。自分も留学に挑戦したくなって3年前、24歳のときに来日。

朱雨桐は、昼間は学校と四川料理店のホールのアルバイト。週28時間の労働では生活費が足りない。なので、この売春クラブで働いている。

「日本に来たのは3年前。コロナの前。留学生。日本語学校に行っている。日本に来たときはみんなにお金を借りた。あと留学したい人が借りることができる場所がある。全部で200万円くらい借りた。住んでいるのは川口の中国の留学生専門のシェアハウス、二段ベッドの4人部屋」

家賃は安くても、生活費で月15万円程度は必要だ。四川料理店の収入は月8万円くらい、あと7万～8万円が足りない。売春クラブに週1～2日出勤して生活費を稼いでいる。

「四川省はすごく田舎。もちろんこういう仕事は初めて。日本語学校の友達に紹介された。アフター（セックス）は、いまあまりない。毎日、店は暇。お客さんいないし、セックスのお客さんもいない。厳しい。お客さん、ない」

週1日出勤、月1~2名のアフターセックスがとれれば、なんとか生活していける。男性との肉体関係は、この店で初めて経験している。いまは恋人や彼氏はいない。1年前、友だちの紹介で知り合った日本人の男と初めて付き合った。

「セックスは日本で初めて。中国の田舎は、結婚するまでそういうことしない。だから、初めてのセックスはこの店。好きな人としたかったけど、お金がないので仕方ない」

この売春クラブで処女喪失。優しそうな日本人男性と処女を秘密にしてアフターセックスし、喪失後に3万円をもらった。相手は処女であることに気づかなかった。

「恋人みたいな人は、前はいた。1年前はいた。日本人の優しい男。友達の誕生日のとき、ご飯の場所で知り合った。でも日本人、ダメ。中国と文化が違うから、ダメ。半年くらいで終わり。一緒にいるとき女にいろいろメールする。他に女がいるって疑って、半年で別れた」

朱雨桐も結婚願望が強かった。いまは結婚適齢期であり、日本人でも中国人でも相手が見つかれば、そのまま相手に合わせた地域で家庭を持ちたいという。

「相手は、まだわからない。探しているのは優しい、性格いい、お互い愛している。貧乏人でも大丈夫よ。一緒に頑張る。中身が大事。若いとき、みんなお金ないでしょ。結婚、お金だけじゃないでしょ。お金だけで幸せになれないでしょ。好きな人が見つかったら、この店は辞める。働いていたことも秘密にする。辞める」

歌舞伎町の中国人売春クラブで働いているのは、貧しい農村部出身の女の子たちばかりだった。農村部は恋愛＝結婚という古風な考えなので、好きになったら結婚を意識する。売春が望ましくない仕事というのは理解しながら、日本で生活するために割り切ってやっている。

「結婚したら子どももつくるでしょ。夜、仕事できない。子どもにあなたのお母さん仕事は何？と聞かれたら恥ずかしいでしょ。だから辞める」

入口玄関のベルが鳴る。3人組の男性客が腰の曲がった老女に連れられて入って来た。全員30代であろうスーツ姿のサラリーマンで、老女は歌舞伎町の客引きなのだろう。女の子は2人しかいない。サラリーマン3人は店内を見渡し、老女に何かを告げてすぐに店を出て行った。我々が客でないことをサラリーマンに伝えたかったが、遅かった。

入店からちょうど60分間が経っていたので、セット料金を払い、王若汐と朱雨桐にお礼を言って店を出た。

売春クラブのお客さんゼロは、今日も明日も続きそうだった。

みかじめ料要求や恐喝などの犯罪は激減

コロナが明けた歌舞伎町は、ホストに行くお金を稼ぐために実家暮らしの女の子が街娼をして、中国の農村部から来日した結婚願望の強い女性が生活のために売春をしていた。

22時、夜の歌舞伎町の中心地である風林会館前は、夜遊びする若い女の子たちだけでなく、キャバクラや風俗店のキャッチとホスト、ホス狂いたちがあふれんばかりに集まっていた。人、人、人だらけだ。

筆者は『新型コロナと貧困女子』（宝島社新書）で2020年4月、警察と新宿区役所によって封鎖状態になった歌舞伎町に足を踏み入れている。同じ金曜日の22時に風林会館前に来ているが、あのときは行き場をなくした数人のキャッチが寂しげに立ち尽くしているだけだった。本当に閑散として誰もいなかった。

筆者は無人の歌舞伎町やゴールデン街を眺めて、このまま街が消えてしまうのではないかと恐怖した。杞憂《きゆう》だった。あれから2年6カ月後、あふれるほどの人が群れとなっている。膨大な人々の欲望が集積する歌舞伎町は、疫病や行政の介入程度のことで揺らぐことはないのだ。

再び懲役15年を満期出所した元ライターと合流、区役所通りにあるヤクザ専門のスナックに行くことになった。

2011年10月に東京都で暴力団排除条例が施行されてから、ヤクザには逆風が吹きっぱなしだ。歌舞伎町をさんざん歩いているが、暴力団らしき人物は見当たらない。若者たちは写真や動画を撮りまくっており、本当に時代が変わったと感じる。

10年ほど前までは、歌舞伎町で写真を撮っていると、かなりの確率で「おい、写真は撮るな」と不良男性から恫喝された。おそらく歌舞伎町で撮影されて犯罪行為が写り込んでは困る、という暴力団なりの危機管理だろう。筆者は恫喝が叩き込まれているので、歌舞伎町でカメラを出すときはまだ躊躇がある。

「地回りがなくなった。ヤクザが5人以上で並んで歩くことも禁止なので、最悪、歩いているだけで逮捕される。みかじめ料を要求したらすぐ逮捕で、払った店も捕まる。ヤクザは、もう本当に追放って状態ですよ」

長年の刑務所暮らしで事情通となっている元ライターはそう教えてくれる。

刑務所はヤクザだらけなので、獄中にいるとヤクザの現状が理解できるという。ヤクザは本格的に衰退している。犯罪行為が仕事なので捕まってしまうと割に合わない。それに、組のために懲役に行ってもメリットがほぼない。

おとなしくしているのが最善という判断になり、歌舞伎町でもみかじめ料要求や恐喝などの犯罪は激減している。

ヤクザ専門スナック

風林会館を背にして大久保方面に歩いていく。風林会館では2歩ごとにキャッチに声をかけられるが、数メートル離れればキャッチはいなくなる。

先ほどの中国人売春クラブがあった古い雑居ビルを通りすぎると、元ライターは路地にあるビルを指して「あれは山口組が初の東京進出のときに構えた元組事務所」と教えてくれた。堅牢で高級感のある小さなビルだった。

しばらく歩くと、無数の原色の看板とネオンが灯された大きなビルに着いた。クラブ、スナック、ホストクラブ、アフターバーと、さまざまな業態の社交店がテナントに入っている。歌舞伎町の店舗は「空かない」ので全店舗が営業中だ。このなかのあるスナックが「ヤクザ専門のスナック」となっている。

店に入ると2人の先客がいた。銀縁メガネの40代男性は白髪で、少し太っている30代男性はジャージ姿で穏やかに飲んでいる。穏やかなので半信半疑だったが、耳を澄ますと「組長」「カシラ」という単語が聞こえてくる。彼らはヤクザだった。

そして、カウンターにいる30代であろう美人ママは肩から和彫りが見える。

ヤクザ専門店というのは本当のようで、入店するときママから「うち、お客さんがヤクザばかりだけどいいの？　週末だから、たぶんもっと来るよ」と言われた。

「どうしてヤクザ専門店かって？　専門ってわけじゃないけど、ヤクザをウェルカムって店がないから集まって来る。ヤクザを特別視することなく、怖がらなかったらヤクザは向こうから寄って来る。まあ、それだけじゃないけどね。いろいろ気を遣って付き合いをしてきたから、みんな飲みに来てくれるわけ」

ママは「ヤクザは知れば、知るほど怖くない」と断言する。言葉の節々からヤクザ好きであることが伝わる。流れに乗ってママの話を聞いていく。

歌舞伎町にヤクザ専門店は3店

「ヤクザって人間味があると思うよ。義理人情の人が多い。しゃべっていて面白い人が多いし、ここに来るヤクザの人はひたすら褒めてあげている。ここに来ているヤクザしか知らないけど、優しいし、すごくいい人たちだなって思う。義理堅くて、まずここにちゃんと来てくれる。ここに私がいるのはみんなわかってくれているから」

筆者はヤクザがいい人とは微塵も思っていないが、ママの話を頷きながら聞いていた。

2人組ヤクザは初めての来店で、ママとは初対面のようだった。ママが組の所属を聞いて、共通のヤクザの知り合いについて話をしている。機嫌がよくなったヤクザはカラオケを歌った。きれいな歌声で米米クラブの「浪漫飛行」が流れてくる。

「この店には歌舞伎町じゅうのヤクザが来る。ヤクザ同士は組織が違っても、ほとんどがみんな顔見知りで仲がいい。ヤクザ歓迎の店って、もう歌舞伎町に数えるほどしかなくて、みんないつも同じ店で飲んでいるから。この人とこの人は大丈夫かなっていうのは、こっちが察するけど、基本的にヤクザ同士は仲がいい」

歌舞伎町のヤクザを歓迎する数店舗にすべてのヤクザが集まる。結果的にヤクザ専門店になってしまっているようだ。

話に出た「歌舞伎町のヤクザ専門店」は、新宿東宝ビル近くにある先ほど行った赤提灯系の居酒屋、それに老舗もんじゃ焼き店、そしてこの店だという。もんじゃ焼き店は人気で、すべての席がヤクザで埋まることもあるそうだ。

「ヒモ」や「日雇い現場」で食いつなぐ

２０１１年10月に東京都で暴排条例が施行され、徹底的に市民と警察が一致団結して「暴力団追放」となった。

最強と呼ばれていた歌舞伎町のヤクザたちも仕事を失った。みかじめ料を支払う店は激減。街娼たちもヤクザに１円も支払っていない。薬物売買も思うようにはできなくなり、恐喝をすればすぐに警察が飛んで来る。ヤクザは八方塞り、がんじがらめになっていた。ヤクザ通のママの話は続く。

「本当にすぐに逮捕されちゃう。いまヤクザはおとなしくなっちゃったけど、昭和の頃の歌舞伎町は本当に怖かったというのは聞くよね。おとなしくなっちゃった一番の原因は監視カメラ。石原都知事になって監視カメラがついて犯罪をできなくなった。何もできないって、みんな言ってる。カメラがない頃はなんでもありだったけど、歌舞伎町はとくにカメラが多すぎて犯罪がやりづらい街になっちゃった」

つい2年前まで歌舞伎町の唯一の犯罪スポットだった場所は、風林会館前の道路を渡った先にある歩幅１メートル程度しかない狭い路地だ。まったく日の当たらない劣悪な立地だが、この路地では数店の中華料理店が営業している。その路地が唯一のカメラ未設置場所で薬物売買などの犯罪が横行していた。

「その路地だけ私道でカメラがなかった。そこで薬の受け渡しとかをしていたみたい。でも、あまりに犯罪が多いから2年前に町内会がカメラをつけちゃった。それで歌舞伎町内で犯罪できる場所がなくなった。もう、街で何もできないってみんな嘆いているよね」

仕事を失ったヤクザは、どうしているのだろうか。ママに聞いてみる。

「本業の露天商はやっているけど、それ以外だと、たぶんいちばん多いのはヒモ。女に食わせてもらっている。あとは日雇いの建築現場で働いている。昔は恥ずかしがっていたけど、土方やるのは本当にいま普通。あと解体業とか」

トー横キッズ、地下アイドル、ホス狂い、街娼に続いて、ヤクザからも「(女からの)貢ぎ」的な話が出てくる。収入がないので反社ではない女に稼いでもらうか、犯罪ではない堅気の仕事をするしかなくなっている。

そして、ヤクザと半グレの違いは組織に上納金を払っているか、払っていないか。このスナックに来るヤクザたちは組織に上納金を払う本物のヤクザだが、その内容は建築現場の日当から支払っている、もしくはヒモとして女からお金をもらって払っているという。あまりに厳しい実態があった。

「いま歌舞伎町はホストがすごいかもしれないけど、私の中ではホストとヤクザって真逆。本当に逆。女が男にお金を払う世界で単価も桁違いだし、女を色恋でだまして金を巻き上げるホストはどうしても好きになれない。同じ女として、ホストの彼女って思い込めるのがすごいなって。私はすごく現実的なのでホストにハマる女の子ってすごく単純だなって思う。ヤクザは結局、義理と人情がある。ホストは嘘で固めて女からお金をとって、本当に真逆なの」

ママの携帯電話が鳴った。ヤクザからのようだ。「OK、大丈夫。8人いけるよ！」とうれしそうに言っている。どうも8人の団体が来店するようだ。

ママに「歌舞伎町の貧困女子の本を書いている」ことを伝えると、歌舞伎町に住んでいるお店のアルバイトの子を呼んでくれるという。そのアルバイト女性はヤクザの妻で、とにかくお金がなくて困っているという。

「旦那」がヤクザのシングルマザー

「いまの若いキャバ嬢にとっては、もうヤクザは魅力的な存在ではないから。キャバクラでいちばんモテるのって若くて金持っている人間。ヤクザはもう若くない。使えるお金もない。キャバクラでは通用しなくなっている」

元ライターがそう語る最中に、勢いよく扉が開いた。「おう、ママ」「おう、来たぞ」「おう」と、続々とヤクザが入ってくる。いかにもヤクザという人から、紳士っぽい人まで十人十色だ。

年齢は最も若くて40代後半、50代、おそらく60代もいる。我々はヤクザがキャバクラで通用しない話を即座に中止し、全員が席に座れるようにカウンターの端に移動した。

店はヤクザで超満員御礼状態になってしまった。

先客ヤクザと団体ヤクザは初対面のようで名刺交換をしている。まるでビジネスマンのようだ。名刺交換しながら共通の知人ヤクザの話をしている。交換される名刺は草書体で組織名と役職が書かれていた。筆者は声をかけられぬように気配を消し、黙々とママの紹介女性を待った。

しばらくして名越宏美(仮名、30歳)がやって来た。

歌舞伎町在住なので自宅が徒歩3分圏内らしい。取材は二つ返事でOK。ヤクザで超満員御礼のなか、カウンターの隅で話を聞くことにした。

名越宏美はヤクザ客の半分くらいは知り合いのようで、ヤクザたちとハイタッチで挨拶してから、筆者の隣に座った。

「旦那はヤクザです。ヤクザはヤクザで頑張っていると思うのでいいけど、シノギがないので仕事も収入もない。私が働いて旦那が育児みたいな感じ。子どもがパパ、パパって懐いているし、仕事して刑務所に入られても困る。だから、なんの期待もしていないかな」

旦那とは正式に結婚はしていないようだ。戸籍上はシングルマザーなので児童扶養手当をもらいながら、いくつかの仕事をしている。

歌舞伎町にある家の家賃は月10万円。ずっと家賃を滞納するレベルのギリギリの生活が続いているという。ヤクザは犯罪が仕事だ。彼女が言う「なんの期待もしていない」とは、貧乏なりに幸せな家庭があるなかで、旦那が仕事を頑張って逮捕されても困る、という意味だった。歌舞伎町でヤクザと家庭を築き、3年前に子どもを産むまでは波乱万丈だったようだ。

店内のヤクザ客はだんだんと盛り上がっている。駄洒落やものまね、爆笑が渦巻くなか、名越宏美にいったい何があったのか聞いていく。

「地方でホストに風俗に堕とされたり、実の父親にセクキャバで働かさせられたり、いろいろ。まず、地元の群馬でお母さんからの暴力があった。ウチは母子家庭で私が長女で、弟、妹がいた。お母さんは私にはすごく厳しかった。殴る蹴るとか、裸にさせられるとか、包丁で脅されるとか、そういう悲惨な虐待を受けていた」

両親は父親の家庭内暴力が原因で離婚している。離婚後、母親はホステスになって夜はいなかった。住まいは県営団地。母子家庭で育って、県営団地の片隅でひたすら母親からの虐待を受けてきたようだ。

「お母さんは離婚からおかしくなって、母子家庭になってから変わった。私、中学のときにすごくイジメられていたの。イジメは本当にすごくて悲惨。口の中に画鋲を入れられたりした。でも、お母さんはお前が全部悪いって。家に帰ると、お母さんに毎日あざができるくらい殴られた。私、勉強が嫌いだった。点数が悪いとひたすら殴られる。だから年齢ごまかして中学から働いた。ガソリンスタンドとか牛角とか。でもお金は家に入れろってお母さんにほとんど盗られた」

17歳のとき長野県でヘルス嬢に

中学2年から学校のイジメと母親からの虐待に耐えられなくなり、家出を繰り返すようになった。家出先は助けてくれる男の同級生の部屋。男はさっそく肉体関係を求めてきた。応じないと行き先がなかった。初めての経験だった。それから繰り返し男の欲望の的になった。

「家出しちゃっているから、自分の居場所がどこにもない。だからヤルくらい我慢しないと生きていけない。その男のことは全然好きじゃないけど、仕方なかった。彼氏もいなかったし、つくろうとも思ってなかったけど、好きな人はいた。でも、その好きな人にイジメられてるから救いがなかった。群馬では本当にいいこと、何もなかった」

群馬県のある北関東は長男信仰や男尊女卑の文化が根強いといわれる。さらに競輪・競艇・競馬が盛んだ。男たちの飲む・打つ・買うは伝統であり、太田や伊勢崎などの裏風俗街は全国区の知名度を誇っていた。

父親は母親に虐待の限りを尽くした。離婚後、その怨念は長女である名越宏美に向かった。中学校も同じで、みんな鬱憤の矛先を探していた。標的になった彼女は画鋲を食べさせられた。もう、逃げるしかなかった。

同級生の男の部屋から始まり、先輩の家にも逃げた。助けてくれる男は部屋で猿のようにセックスを求めてくる。ヤラれまくった。そして、何度家出しても見つかって家に戻される。戻されるたびに母親の暴力は激しくなった。誰も知らない遠くへ逃げるしかなかった。

「長野県の○○ってわかります？　17歳のとき、お金がないまま電車に乗って目的もなくなんとなく○○に行った。駅前にぽつんといたら男3人に声をかけられて、それがホストだった。一人1万円出すから飲みに行かない？って誘われて、それでホストクラブに行った」

3人の男に連れて行かれた店は、街の繁華街にあった。街の中心にある最もネオンが大きい社交ビルだった。

「そのビルが5階建てで1階からヘルス、ヘルス、ヘルス、ホスト、ヘルスだった。そこがみんなつながっていた。そのホストで飲んだら、売掛がなんだって言われた。最終的に同じビルにあるヘルスで働けって話になった。17歳でヘルス嬢になった。それが初めての風俗」

ヘルスの寮で暮らすようになり、毎日朝10時から夜9時まで働いた。

ピンサロで12時間労働、報酬は一日3000円

年齢は隠していたが、見た目も未成年なので男性客のウケはよかった。1日4万～5万円は稼ぐことができた。さらに裏引きで本番をすれば、男性客は1万円プラスで払ってくれる。

「日給8万円とか。でも、ぜんぶ同じビルにあるホストクラブで使った。だって、寂しいから。優しくしてくれるホストに依存していた。最後のほうは担当が一緒に住んでくれて、そのときは幸せだった。自分のことを大切にしてくれてるって。そのときは担当を優しいと思ったけど、いま思えば『仕事、頑張れよ』みたいな感じだったので変。普通に考えたら、自分の好きな男

に風俗頑張れって言われるって嫌じゃないですか。そのときは、まったくわからなかった。担当に大切にされていると思っていた」

一緒に暮らしているうちに、未成年であることがバレてしまった。17歳とわかった瞬間、担当は慌てて荷物をまとめて出て行った。「どこに行くの?」と聞いても何も応えてくれない。電話は着拒されて連絡がとれなくなった。ヘルスもクビになって、その街にいられなくなった。

「そのときは同じビルの3階(ヘルス)と4階(ホストクラブ)でお金がグルグル回っている状態だった。次の日に稼げるってわかっているから、ホストクラブでいくらお金使ってもなんとも思わなかった。けど、担当が突然いなくなったのはダメージが大きくてしばらく立ち直れなかった」

長野県の別の繁華街に行って、しばらく漫画喫茶で暮らした。

「18歳になったので、その街ではデリヘルをやった。かなり稼いでいた。けど店内の色恋管理にハマった。イケメンのスタッフに色管理されて、その人のことが好きになった。その人とも寮で同棲した。けど、その人は他の女の子に本気になって、私の家を出て他の店に移っちゃった。寂しいのでバーの人に狂って、その男がチンピラだった。その人にオラオラした管理されて、今度はピンサロに飛ばされた」

好きだったバーのチンピラは、突然「お前、60万円の売掛あるよ」と言い出した。身に覚えがなかったけど、恫喝を繰り返して脅してくる。ピンサロで働いて返せという話になって、仕方ないので頷いた。

「売掛ないのにあるって信じちゃった。だから払った。ピンサロに飛ばされたけど、実はそのチンピラとピンサロはつながっていた。私はありもしない売掛を払わされて、チンピラはさらにスカウトバックももらって、私が働いたお金が全部チンピラに流れていくことになっちゃった」

ピンサロで12時間労働をさせられ、もらえるのは1日3000円。食事も満足に食べられない生活が続き、さすがに目が覚めた。チンピラからは毎日のように連絡が来る。追いつめられて思い浮かんだのは、幼少の頃に生き別れとなった父親の存在だった。

父親が働くセクキャバでナンバーワンに

過酷な語りに引き込まれていたとき、店内でヤクザによる〝郷ひろみステージ〟が始まった。団体ヤクザの一人が上半身裸になる。見事な和彫りが入っている。ヤクザは「2億4千万の瞳」をリクエストしたのち店の外に出た。ベースのルート弾きのイントロが始まると、勢いよくドアからヤクザが登場する。郷ひろみがステージに登場した、という設定のようだ。

上半身裸のヤクザが店内の真ん中でクネクネとダンスし、ヤクザたちは信じられないほどの盛り上がりを見せた。三本指でマイクを握るヤクザのクネリはさらに激しくなり、ギターのディストーションで飛び上がってから歌が始まる。Bメロになってからはマイクを華麗な手さばきで操り、絶妙なタイミングでウインクを欠かさない。

「エキゾチック・ジャパン！　ジャパン！！」

最後はヤクザ全員で大合唱となった。フィーバーしているとき、暗い話をしていると怒られる可能性がある。同席していた元ライターは気を利かせて、ヤクザ側の郷ひろみ合唱に参加してくれた。ヤクザと一緒に拳を振り上げて「ジャパン！」と絶叫している。

地響きするような盛り上がりを見せて郷ひろみステージは終わった。半裸のヤクザは後ろ姿で出入口に戻り、ウインクをして外に出て行った。

異常な熱気の中で、名越宏美は続きを語り出した。

「戸籍謄本をとってお父さんの居場所を探した。そしたら六本木に住所がいっぱいあって、何度も引っ越していた。その住所に手紙を出した。そしたらお父さんは川崎にいて手紙が転送された。お父さんの所に来なさいって連絡があった。それで川崎に行った。お父さんはセクキャバでボーイをしていた」

父親は名越宏美には優しく、離婚のときはショックだったことを覚えている。離婚したのは5歳のとき、13年ぶりに父親と再会した。うっすらと覚えている懐かしい姿、ハグした。会えてうれしかった。

「お父さんは私のことをぶったりしなかったし、優しかった。お父さんに『お前のそばにいてあげるから、自分の店で働きなさい』ってなった。川崎のセクキャバ。親孝行になるんだったらって働いた。半年でナンバーワンを獲った。お酒は飲めないけど、無理やり飲んでおっぱい触らせてナンバーワンになった。お父さんは韓国人と再婚していた。私が稼ぐようになってから、その奥さんの韓国の実家に仕送りとかさせられた」

指名ナンバーワンになったときは、月120万円を稼いでいる。父親や再婚相手に使うお金は、日に日に増えていった。

「お父さんは裏カジノが大好きで、一緒に行ってお金を出したりした。いま思ったらすごくおかしい。しばらくやったら限界が来た。水商売で働くのは精神的に波がある。もう触られたくないみたいになった。それが来ちゃった。川崎駅でお父さんに『お前は、なんでおっぱいを触らせるのが嫌なんだ。簡単なことだろ。減るもんじゃないだろ』って言われた。その言葉に傷ついた。知らない男に触られるのは、やっぱり気持ち悪い。父親のためにずっと我慢していたけど、限界でした」

「覚せい剤をやると風俗の仕事が苦痛じゃなくなった」

21歳。娘のことをお金としか見ていなかった父親と縁を切って、次は渋谷に移った。渋谷では薬物にハマっていく。

「渋谷で一人暮らしを始めて、スカウトに捕まった。ホテヘルを紹介されてそこの寮に入った。

そのときスカウト界隈のヤクザと出会って、クラブを教えてもらってクラブが大好きになった。合法ドラッグから脱法ハーブになって、覚せい剤って順番。最終的には注射器でバンバン打つようになった。薬物やれば頑張れるみたいな。レッドブルと同じ。わかります？　これがあれば大丈夫って。たとえば栄養ドリンクとかあるじゃないですか。それを飲んだら元気が出るみたいな」

ホテヘルの待機所には脱法ハーブが置いてあった。脱法ハーブの仕入れ先の人から覚せい剤を薦められて炙りを試してみた。最高だと思ってどんどんハマっていく。

覚せい剤をやると、風俗の仕事が苦痛じゃなくなった。性的サービスで楽しい気持ちになるのは、初めての感覚だった。

「なんでも頑張れる。仕事も頑張れるし。たとえば、すごく汚いオジサンがカッコよく見えちゃうみたいな。だから仕事も苦痛じゃなかった。だからずっと働いた。だけど働いた分、覚せい剤を買う、それで仕事を頑張る。負のループになっちゃって何も残ってない。覚せい剤はグラムイチハチ（1グラムで1万8000円）だった。薬物が完全にやめられなくなった」

覚せい剤はやる気が出る、テンションが上がるという効果もある。しかし「勘ぐり」という副作用も起こった。

「警察が来てるんじゃないか？　みたいな。でも誰もいない。それでドアののぞき穴を見て、それで住んでいた寮が下まで見える感じ。螺旋階段があって下まで見えるみたいな。そんな感じ。それで覚せい剤やっていることが店にバレてクビになっちゃいました」

23歳。薬物中毒がバレて渋谷にいられなくなって、歌舞伎町に向かった。

「歌舞伎町にはあてもなく来た。渋谷もなんとかなったので、歌舞伎町も大丈夫だろうって。最初はホテル暮らしで、出会い喫茶で稼いでいた。売春。2万円とかで一日1人か2人に売っていた。裏カジノで遊んでいるときに、いまの旦那と出会った。うちに来ないか？　と言われて同棲を始めた感じ」


3年前、26歳のときに子どもが産まれた。

歌舞伎町二丁目の東側にはラブホテルだけではなく、一人暮らしができる賃貸マンションがたくさん建っている。親子3人、歌舞伎町で暮らしている。

「歌舞伎町に住んでいて3歳の子どもがいる。私も旦那も覚せい剤をやっていたけど、妊娠をきっかけにやめた。旦那もやめた。出会った頃は旦那に収入はあったけど、子どもが産まれてからは無収入が続いている。やっぱり捕まりたくないってあると思う。だから、私が頑張るしかないの」

話は終わった。時間は24時を回っている。

いまも旦那が家で子どもの面倒を見ているという。最後に旦那の写真を見せてもらった。見るからに武闘派といったヤクザだった。

ヤクザ席のテンション高い盛り上がりは続いていた。郷ひろみステージから、ずっと盛り上がっている。名越宏美にお礼を言うと、彼女はヤクザ席の真ん中に入っていった。

ホス狂いの取材から始まってヤクザ居酒屋で飲み、街娼と会話をして中国人売春クラブに行って、いまヤクザスナックにいる。長い一日だった。

第五章　カモられる中年男性

無限のお金を必要とするZ世代のホス狂い

歌舞伎町は戦後の焼け野原から始まっている。

戦前、現在の歌舞伎町は角筈《つのはず》一丁目という地名だった。古地図はいまも鬼王神社に飾られている。

焼け野原となった戦後、当時の町会長が角筈一丁目に歌舞伎劇場をつくって、娯楽地域として復興しようと計画した。角筈という地名から娯楽地域はイメージしづらい。町会長の提案で町名変更が検討され、1948（昭和23）年、予定されていた歌舞伎劇場にちなんで「歌舞伎町」と町名変更がされている。

戦後にヤクザが仕切るヤミ市が生まれたのは、新宿が最初だといわれている。新宿西口一帯、南口周辺に露店が集まってヤミ市マーケットが形成された。しかし、GHQ（連合国軍総司令部）から1950（昭和25）年3月末までの撤去を命令されて、多くの露天商や台湾人は歌舞伎町に移ったという。

昭和30年代に日本最大の繁華街となった歌舞伎町は、娯楽地域として復興を目指した地元町内会の尽力と、ヤミ市から流れて来た台湾人や露天商の力によって形成されていったとされている。

歌舞伎町一丁目にある焼肉店で安部里穂子（仮名、30歳）を待つ。

安部里穂子は北新宿で暮らす現役風俗嬢で、SNSで歌舞伎町やホス狂い、夜職女性について積極的に発信している女性だ。「焼肉を奢ってくれるなら行きます」とのことだった。

この焼肉店に隣接するのは、かつてノーパンしゃぶしゃぶ「桜蘭《ローラン》」があった商業ビルだ。桜蘭は1998年の大蔵省接待汚職事件の舞台となった店で、当時風俗ライターだった筆者は行ったことがある。2時間2万円の料金で隣にノーパンの女性がついて国産牛や野菜を鍋に入れてくれる、という飲食店だった。女性従業員がパンツを履いていないだけの店だったが、「歌舞伎町」や「ノーパン」のイメージが悪かったことで、繰り返し報道されて大騒ぎとなった。最終的に大蔵官僚7人が逮捕、起訴された。

「いちばん安い肉でいいので、6人前注文していいですか？」

安部里穂子はメガネをかけた理知的な女性だった。やって来て挨拶すると、すぐにそう言う。彼女は精神疾患のひとつである過食嘔吐を患っていて、とにかく大量に食べるようだ。

大量のカルビとハラミがテーブルに並んだ。

安部里穂子は小鉢3つを用意してそれぞれに辛口ダレ、醤油ダレ、レモンを入れてガツガツ食べ出した。中学生のときから援助交際し18歳でキャバ嬢、23歳で風俗嬢になっている。それから風俗をずっと続けるのは、そもそも風俗に向いていることを除けば、毎月膨大な食費がかかることが理由のようだ。

「私は歌舞伎町の近くで暮らしているのに、ホストにハマれなかった。みんなホストに狂っているのに自分だけホス狂いになれない。それは逆にずっとコンプレックスでした。歌舞伎町ってどんな人でも受け入れるってスタンスじゃないですか。私はそんな街なのに、ちょっと馴染めない。自分の居場所はどこにあるのって不安になることもあります」

彼女が暮らす北新宿は抜弁天と同じく、たくさんのホストやキャバ嬢、風俗嬢やホス狂いが暮らしている。最寄りはＪＲ総武線・大久保駅だが、職安通りのガードを超えれば歌舞伎町となる。

彼女は頻繁に歌舞伎町のホストクラブやサパーに通っている。ＳＮＳで知り合って交流を続けるたくさんのホス狂いたちと仲良くするが、彼女自身はホス狂いにはなっていない。担当に入れ上げることはなく、一歩引いた立場でホストやホス狂い、歌舞伎町と付き合っている。

「ホス狂いの女の子たちは無限にお金が必要なので、常にどうやってお金をつくろうか考えています。ホス狂い女子会みたいなのはよくある。基本的にお金の話ばかり。内容はエグいです。どこの風俗が稼げるとかいうレベルじゃなく、おじさんたちからどうやって財産を奪うかみたいなこと。彼女たちに狙われているのは、寂しいおじさん。40代、50代で未婚で優しそうな人をなんとか見つけて、〝ガチ恋〟をさせてお金を引っ張りたがっている」

結婚しない、できない男性は本当に増えた。２０２０年の生涯未婚率（50歳時の未婚率）は25・7パーセント（総務省調べ）であり、男性は４人に１人が結婚しない社会となっている。この傾向はずっと続く。２０４０年、男性の生涯未婚率は30パーセントの水準に達すると予想されている。ちなみに半世紀前（１９７０年）の男性の生涯未婚率は３パーセント台。昭和から平成を経ている間に8倍以上も跳ね上がっている。

本書の取材でも、地下アイドルイベントで童貞の群れを目撃した。第二次ベビーブームに生まれた現在アラフィフの団塊ジュニア世代は、人口は多い。いま、中年男性で底なしの寂しさを抱える者たちは大量に存在している。

無限のお金を必要とするZ世代のホス狂いたちは、この底なしの寂しさを抱える中年男性たちの懐を狙う。

「ホス狂いは、おじさんからお金を取ることになんの抵抗もないです。だまして貢がせて、既婚おじさんの家庭が壊れようが、おじさんの子どもの人生が狂おうが、だまされたモテないおじさんが自殺しようが構わない。おじさんが借金しようが家を売ろうが関係ないわけです。とにかくホストに貢ぐお金をつくりたいって、それだけ」

ホストクラブに行くお金をつくるため、風俗や街娼をする女性たちはこれまで本書で紹介した。若い女性を求める中年男性に、肉体を提供してその対価をもらうだけでは上限がある。ホストクラブで他の女性に勝つためには、それではお金が足りない。さらに稼ぐために、寂しい心を抱える中年男性を恋愛状態にさせ、そこからお金を引っ張ることまで企んでいる。

「おじさん攻略法」情報商材がバカ売れ

「どこでおじさんを見つけるかというと、風俗店で探しているケースがいちばん多い。風俗客は寂しいおじさんがたくさん来る。風俗嬢になって、お金があってめちゃめちゃ優しいみたいなおじさんを探すんです」

客の収入が高い傾向があり、十分なコミュニケーションがとれるのは高価格帯のソープランドだ。

「狙いのおじさんを定めたら、連絡先を交換してつながる。女からアフターとかデートを誘って、交流してガチ恋させる。自分のことを好きにさせて色恋でお金を引き出す。お金を引き出す理由はそれぞれ。学費が必要とか、親が病気になったとか、結婚をチラつかせるとか。手段を選ばないで嘘を言って、同情させてお金を出させる。おじさんは既婚者でも独身でもいいけど、生涯未婚系のおじさんのほうが純粋なのでだましやすい。既婚者は奥さんとか子どもがいてそれがストッパーになるし、奥さんから訴えられても面倒くさいから」

風俗での就労収入と色恋での収入でダブルインカムとなる。稼ぎながらカモを探すことができるので、ホス狂いたちはこぞってソープランドで働く。

彼女たちがターゲットにする団塊ジュニア世代、バブル世代の男性たちは男子校で育っている者も多い。女性に幻想を抱いたまま年齢を重ねると、悪い女性が存在するということを知らない。清楚な風貌をした若い女性に少し優しくされると、すぐになびいてしまう。

女性慣れしていない性格のいい優しいおじさんを見つけて、自分に恋愛感情を抱くように誘導し、好意を確信したところで仕掛ける。同情を誘う嘘をつき、演技しながらお金を無心し、その足で担当のいるホストクラブに駆けつける。

「昨日のことだけど、ホス狂いの友だちが『1000万円引いた！』って喜んでいた。帯の電子通帳を見せてもらいました。本当に1000万円台を持っていました。その子はあまりかわいくない、ちょっとイモっぽいソープ嬢」

そのソープ嬢は「独身49歳の公務員に結婚をチラつかせて引いた」という。満足気に電子通帳を見せてくれた。

「おじさんってイモっぽい女が好き、純粋みたいな。勘違いして信じちゃう。逆に美人のほうがおじさんにはモテない。その子はどちらかというと一見清楚ではあるけど、実際は手に負えないホス狂い。1000万円は担当に全ツッパすると思う」

「全ツッパ」とは全額投入という意味だ。彼女だけでなく、ホス狂いたちはSNSで積極的に発信・交流している。オンラインで仲良くなってからのリアル女子会は、女性たちの同性との出会いの最もメジャーな形となっている。

ホス狂い同士がつながると、どうやってお金をつくるかの情報交換となる。おじさんから1000万円引いた、2000万円引いたという成果が飛び交う。ホス狂いたちは、みんながみんなおじさんたちの財産をどう奪うかを考えている状態だという。

最近ではおじさんをガチ恋愛状態にしてお金を引き出す方法が、情報商材となって高額取引されている。

「情報商材は2万円とかするけど、真似したい女の子たちがどんどん買っている。めちゃ売れています」

情報交換、情報商材だけでなく、おじさんからお金を奪う方法をコンサルティングする女性も現れた。

「LINEサポートとか。おじさんからこういうLINEが来たら、こう返すみたいなことを教える。おじさん相手の色恋もだんだんマニュアル化されてる。みんなとにかくお金を稼げる手段を探している。理由はたったひとつ、担当に貢ぐため。おじさんは歌舞伎町には近づかないほうがいいです。本当に危ないし、ヤバいです」

"ホストに狂う"心理を分析する

ホス狂いの女の子たちは、どうしてそこまでしてホストに執着するのだろうか。客観的な立場にいる安部里穂子に聞いてみる。

「ホストと姫という立場を超えて愛されたいのだと思う。他の女は本営だけど、自分だけは違うと思いたい。私がホス狂いになれなかったのは、たとえば初回に行ってホストにアフターしようとかランチ行こうとか誘われても、その見返りに何を求められるの？って考えちゃう」

風俗で稼いでいたのでお金はあったが、ホストの本心が見える。イケメンと遊びたい心はあっても、とてもハマれなかった。

「あとホス狂いの女はロクなのがいないです。仲は良くても、あまり好きになれません」

ロクな人がいないとはどういうことか。

「ホストクラブは趣味とか、好きなことがなかった人がハマる。それでホストに依存して執着する」

第三章に登場した、同人AVに出演しまくるホス狂いの宮下あさ美も、「ホストは初めてできた趣味だから」と言っていた。

「好きなことがない人間なので、まず人として面白くない。いままで何も楽しいことがなかった、みたいな人はハマりやすい。それで担当がすべてになっちゃう。私は自分の大切なモノ、好きなモノは説明できる。でも、多くのホス狂いは自分には何もないってコンプレックスがあるから、男とか人に依存しちゃう。ホス狂いは薄くて、面白くなくて、何も持っていない人ばかり。つまらない人たちです」

安部里穂子は、本当によく食べる。ご飯も頼んでいいですかとライスの中と、肉の追加を注文している。食べたものは帰ると吐くので、どれだけ食べても問題ないようだ。追加の肉を焼き、風俗嬢になった理由や親との関係を語りながら食べまくる。最終的には10人前を食べ尽くした。満腹になって満足したようで、北新宿のマンションに歩いて帰って行った。

パパ活の「定期」が19人いる女子大生

「去年からどんどん定期のパパが増えて、いまは本当にたくさん！」

都内私立大学4年生、山瀬麗華（仮名、22歳）は、通学や就職活動はいっさいしないで、ずっと歌舞伎町を中心にパパ活をしている。

パパ活で使うのはパパ活専門アプリで、初めて会う男性とは歌舞伎町のドン・キホーテで待ち合わせて、セントラルロードにある喫茶店に行く。そのままラブホテルに行くこともあれば、日を改めて食事デートすることもある。それぞれだ。

コロナ禍が長期化するなか、おじさんと「定期」と呼ばれる長期的な関係になることが増えている。

パパ活＝売春という意味で、この言葉を使う人が多い。しかし、パパ活を定義すると「デートをして、その見返りに金銭的な援助をしてくれる人を探すこと」になる。

お金が絡んだ男女の恋愛関係で、お金があって若い女性を欲している40～50代男性と、就労収入が低い20代女性が「カップル」になる。恋愛感情はお金を払う男性の一方通行というのが、一般的なパパ活の関係性だ。

「定期」とは定期的にデートする関係のことで、定期は、女性にとって不特定多数を相手にする売春と違い安定した収入が見込め、男性にとっては好きな若い女性と疑似恋愛関係になれる。定期はパパ活女子やパパ活男性が目指す理想形となる。

山瀬麗華はスマホを取り出してLINEを開く。定期の現状把握をするため、現在続いている定期パパを数えている。LINEのピン止めでパパの管理をしているらしい。「イーチ、ニー、サン」と人数を数え出した。

「いま定期は19人です！　会うのは人によってで、毎週の人もいれば月1の人もいる。全員からどんどん連絡があるので頻繁に会話はしていて、名前の横に最初にどこで会ったとか、会話内容をメモしています。数が多すぎるので他のパパと間違えないようにしています」

山瀬麗華は大学紹介のパンフレットに載っていそうな清楚で清潔感のある普通の女の子だ。あえて言えば、太眉毛を書いていないイモトアヤコに少し似ている。

定期パパの一部は、彼女と付き合っていると思っている。状況的には同時に彼氏が19人いるのとあまり変わらない。LINEや電話、デートとパパの相手をするだけで膨大な時間を使う。山瀬麗華の日常はパパ活一色だ。大学にはほとんど行かない。お昼過ぎに起床して寝起きでパパ活サイトでの「いいね」をチェック。新規の男性たちにメッセージ、それから19人の定期パパからの連絡に返信する。

夜になると、LINE通知がひたすら鳴り続ける。

スケジュールは平日も休日もパパとのデートで埋まる。パパ活男性は中小企業の経営者が多いので、平日でもどんどんデートが入る。たまに空いた時間ができれば、新規パパとの顔合わせを入れる。19人もいるのに新規開拓をやめないのは、「いつ関係が切れるかわからないから」

という危機感からだった。

「パパからは頻繁に連絡が来ます。19人もいるので管理が大変。誰かとデート中に急に別の人から会える？　って連絡があったら、何時以降だったら大丈夫って返す。定期パパは何度も会っているよく知っている人たちなので、何時に終わるとかわかる。そんな感じ」

月6万円の奨学金と2万円の仕送り

定期パパの年齢は31～60歳。19人全員と肉体関係がある。デートのときには基本的にセックスを求められる。そして一度のデートやセックスで3万～6万円をもらう。洋服や持ち物はすべてパパから買ってもらったもので、食事はパパとのデートだけで賄える。

歌舞伎町を中心に活動するが、パパ同士が鉢合わせしないように渋谷や池袋、錦糸町にも行き、パパが暮らしている地域に出向くこともある。

「もう、大学を卒業するつもりも、就職するつもりもないです。ずっとパパ活をしていたいかな。ラクだし、ラクすぎるし」

山瀬麗華は笑いながら、そう言う。4年前、東北の田舎から大学進学のために上京している。この4年間にいったい何があったのだろうか。

「高校のとき、田舎が嫌になって、なんとなく東京に行きたいなって思った。それで大東亜帝国の指定校推薦をとって、上京してすぐ歌舞伎町のガールズバーで働いた。夏休みから区役所通りにある店でキャバ嬢になった。で、2年生になってコロナになってからはキャバとパパ活です」

東北の両親は米農家である。貧乏ではなかったが、学費と東京の生活費のすべての面倒を見るのは難しく、月10万円はアルバイトで稼がないと学生生活が送れない。高校の卒業式が終わって上京。すぐに繁華街として有名な歌舞伎町で店を探してガールズバーで働いた。

「初年度納入金、それと学費は親が出してくれる。ただ奨学金を借りてバイトしてもらわないと無理だって。奨学金は月6万円を借りて、仕送りは月2万円。携帯と移動とか、ご飯とかである程度のお金は必要だった。普通のバイトは時給が低いから無理で、逆に水商売は興味があった。華やかだし、楽しそうって。だから歌舞伎町のガールズバー。もっと稼ぎたいなと思ってキャバクラに移った」

歌舞伎町は深夜になっても人だらけ。田舎では考えられない。猥雑で華やかで初めて来た日から楽しかった。男性と会話するのは得意なのでガールズバーもキャバクラも苦痛を感じたことはない。

アフターしたり、BARに寄ったりして家に帰ると朝方になる。朝起きることができないので、入学してすぐに大学には行かなくなった。

勤務中は浴びるようにお酒を飲む。起きるのはいつも昼頃だ。1限、2限、3限には出席できない。コロナでリモート授業になっても、内容がまったくわからないので授業には出席しなかった。

「ガールズバーは時給1500円、キャバクラはその3倍以上で5000円とか。月収は30万円いかないくらいで、稼いでも50万円。ホストには行かなかった。そんな稼いでいない。洋服とか遊びでお金を使うので、残っても月10万円くらい。すごくラクに稼ぐようになったのはパパ活女子になってから」

セックスなしのパパ活は継続しない

彼女は本当に忙しい。ちなみに今日のスケジュールを聞くと、14時に45歳パパと待ち合わせてラブホテルでセックス、この取材が終わり次第、41歳パパとのデートが待っている。おそらく食事してからホテルに行くので、帰るのは終電近く。明日も13時、19時待ち合わせのデートのダブルヘッダーである。中年男性たちとのセックスまみれなのだ。

「パパ活はコロナになってからやっているけど、最初は茶飯女子だった。全然ダメだった。ご飯だけの人を探したけどなかなか会えないし、会えても続かない。多くても3回くらいで終わっちゃう。最初はめちゃいい人でも、ホテルに行くのは無理だった。知らない人とホテルに行くのは怖いし、おじさんと仲良くできるけど、セックスするまでは嫌だって踏み切れなかった」

茶飯女子とは食事だけのパパ活のことで、肉体関係を求められても断る方針でパパ活をしている。1年生の夏休み、時給の高いキャバクラ嬢になった。キャバクラだけでは不安なので、後期が始まる頃に茶飯のパパ活を頑張ろうとアプリに登録する。

2年生の春、東京に疫病が蔓延した。緊急事態宣言でキャバクラは営業自粛となった。再開しても、客足は安定しなかった。

コロナになってから、パパ活に力を入れてさまざまな男性にアプローチした。うまくいかなかった。男性に肉体関係を誘われても「大人はしません」と返すと、返信は来ない。ブロックされてしまうこともある。ちなみに「大人」とはパパ活用語でセックスのことを指す。

「キャバクラもお客さんが来ない。出勤制限みたいなのもかかった。全然稼げなくなってヤバい、お金ないってなった。そんなとき、新規パパに大人はいくらで考えていますか？ と聞かれた。その人と腹をくくってホテルに行きました。それで大人は大丈夫になりました。知らないおじさんと、その日に会ってすぐにホテルとか、ずっと考えられなかった。でも、ヤレばすぐに大丈夫になった」

茶飯のときはパパとの関係は続かなかった。しかし、セックスをするとパパはまた会いたがった。新規のオファーも激増した。定期パパがどんどん増えていった。

「エッチはホテルに入って始めれば、いずれ終わる。終わるのを待とうって感覚。定期パパが増えまくった時期に彼氏もできて、その彼氏が性欲強くて毎日デートとかセックスとか。本当に訳がわからなくなりました。彼氏がいるときは定期パパとはホテルに行くけど、新規探しはやめました。それにキャバクラもやっていたし、本当に忙しくなりました」

19人いる定期パパは会社経営者から公務員、サラリーマンまでいろいろ。ガチの恋人と勘違いしているパパもいる。勘違いパパもお金になるので切らない。トラブルにならないように、パパたちには他のパパの存在は秘密にしている。

「おじさんは、よっぽど嫌じゃなかったら大丈夫です。お金もらえれば、大丈夫。慣れ。私、ジャニオタだからイケメン好きだけど、お金が絡むと感覚は全然違う。おじさんとのデートとかセックスは仕事。セックスで嫌なのはねちっこい人、恋人みたいにしようとか。渋谷で手をつなごうとか、駅前でハグとか。え、ここで！ みたいな。駅前でハグとか、普通に彼氏相手でもしたくないです」

おじさんとのセックスで月150万円以上を稼ぐ

パパが増えすぎた。半年前から大学だけでなく、キャバクラに出勤する時間もなくなった。キャバクラからはもっと出勤を求められたので辞めた。専業パパ活女子になってから収入はうなぎのぼりだ。いまは月150万円以上を稼いでいる。

忙しい日の山瀬麗華の行動を見てみよう。

定期Aとランチデート（13時～／報酬4万円）、セックスが終わってすぐに新規Bと顔合わせ（16時半～／報酬5000円）、定期Cと食事デート（18時～／報酬1万円）、そして最後に定期Dと飲みからホテルデート（20時半～／報酬5万円）というスケジュールをこなしている。

この日の稼ぎは10万5000円である。

「断る人も、もちろんいる。40代とか50代のおじさんで、最悪な感じの人はたくさん。この前は51歳の自称経営者のおじさんに『親ガチャ失敗』って言われたし。『奨学金借りて大学に行ってパパ活とか、親がクズだね』って。しかも『大学が大東亜帝国とか、君は残念な子だね』って」

51歳自称経営者は、肌は脂ぎって頭頂部はハゲていた。ピンクシャツの襟を立て、若づくりしていた。歌舞伎町のドンキで待ち合わせて、いつものように喫茶店に行った。学生時代に歌舞伎町のキャバクラで遊んだ話から始まり、短い足を組んで自慢話を語り出した。

「『君は大東亜帝国だけど、うちの娘は慶應。もちろん大東亜帝国の君と違ってパパ活なんてしないよ』って。『俺、この前までモデルと付き合っていて高級ソープの女の子を囲っていた。俺は悪い男だから女の子をメンヘラにさせちゃうんだよね』とか。『俺はどっちでもいいけど、ホテル行く?』って誘われました。なんとか断ってブロックしました」

この半年、月100万～150万円を稼いでいる。痛いおじさんに遭遇するのも日常だが、毎日毎日デートなので忙しい。ホストやメンズコンカフェには行かない。行く時間がない。お金は洋服やブランド物を買ったり、彼氏とのデートに使う。貯金が貯まるばかりの優雅な生活を送る。

「そもそも4年で卒業できないけど、就職はしないでずっとこのままパパ活を続けます。あまりにもラクなので普通に働く気になんてならない。お金は数百万円あるので、親に仕送りを止められても大丈夫です」

本書の歌舞伎町取材で、初めて「貢ぎ」をしない女の子だった。

2年間付き合っている彼氏には、パパたちとの毎日の肉体デートはバレていない。毎日のように帰りが終電近くなるのは、歌舞伎町のキャバクラでアルバイトをしているからだと思っている。

1990年代後半「性風俗界の大スター」のいま

あるホス狂いの取材が終わった21時頃のこと。歌舞伎町のプロレスバーのマスターから「いま貧困女子が店に来ている。取材OKと言っているよ」と連絡があった。絶妙なタイミングだったので、そのままプロレスバーがある星座館に向かう。

〝歌舞伎町の魔窟〟と呼ばれる星座館は区役所通り沿いにある。

靖国通りから区役所通りに入ると、新宿区役所の対面に巨大なヨーロッパ調の地上10階地下1階の社交ビルがある。テナントは魑魅魍魎だ。某階には違法である「ちょんの間」もある。

2021年11月にトー横界隈の面々が起こしたリンチ殺人事件は、星座館屋上が現場となった。成人2名、未成年2名の加害者はトー横界隈でボランティア活動をしていたホームレス男性を星座館の屋上に連れ込み、6時間に及ぶ暴行を加えて死亡させている。

星座館に入ろうとすると、チンピラみたいなポン引きに声をかけられた。無視して通りすぎると、「おい、どこに行くんだ」と凄まれる。プロレスバーに行くと言うと、舌打ちをしてどこかに消えた。

エレベーターのボタンを押す。某階で降りると、古びたネオンを掲げた店がずらりと並ぶ。いちばん奥で営業するプロレスバーの扉を開けた。すごく太っている中年女性がいた。100キロ以上はあるだろうか。マスターに太った中年女性を紹介されて挨拶すると、どこかで会ったことのある女性だと気がついた。

1990年代後半、フードル（風俗嬢のアイドル）として一世風靡した佑天寺うらん（46歳）だった。彼女は当時、風俗ファンからは「天使」と呼ばれていたが、いまは2倍くらいの大きさになっている。風俗嬢を引退した後、女子レスラーとなっていまも現役なのだという。

「めちゃめちゃ貧乏で、いま歌舞伎町のぽっちゃり風俗の面接に行ってきたところ。このままだと貧困で生きていけないので風俗やろうって。けど、60分8000円で店と折半、1人4000円って言われた。そんな安いのかって驚きました。安すぎて無理です」

プロレスだけでは月10万～15万円しか稼げない。

家賃も払えない状態が続いていて、もう一度風俗嬢になろうと決心したようだ。貧困から抜け出すというモチベーションで面接に行ったが、絶望的な条件を提示された。裸とセックスのデフレ化であまりにも女の値段が安くなっている現実を知ったのが、いまの彼女のようだ。

「風俗で有名だったのは20年前の話、いまは4000円だから。貧乏人なのですごく暇。ツイッターしてご飯を食べているだけ。自炊というかサトーのご飯を食べています。あと昼寝。それしかしてない。彼氏はいない。太っているからモテないし」

昔の彼女は清楚な、少女のような風貌だった。

インターネット前夜、90年代後半の性風俗界の大スター。当時は10誌以上の風俗専門の月刊誌があり、佑天寺うらんは各誌の表紙&巻頭グラビアを飾った。全国区の知名度を誇って、あまりの人気に彼女を形容する「フードル」という言葉ができたほどだった。

風俗嬢になって初めて人から認められた

「風俗嬢になったのは20歳のとき、悪い女になりたかった。理由はそのときに付き合っていた彼氏をふったから。無理やりふったので、別れた罪悪感で私は悪い人にならないと申し訳ないみたいな感覚になった。別れたのは彼がすごいマザコンだったから。結婚の準備をしたとき、相手のお母さんに『家柄が違いすぎる、家と絶縁しろ』とか、『中卒は恥ずかしいから高校に行け』とか言われた。そんな感じで馬鹿にされ続けて、最終的に嫌になっちゃいました」

華やかにグラビアを飾っていた彼女のことしか知らないが、ずっと生きづらさを抱えて風俗に流れてきたようだ。

「それまでは友だちすらいなかった。男の子とまともにしゃべったことがなかったし、学校ではイジメられっ子の下にイジメられもしない層がある、そこにいました。とにかく暗かった。

それで中卒でプロレスに入って徹底的にイジメられた。耐えられなくて辞めました。もうボロボロってとき、彼氏とバーで知り合った。そのときに趣味を聞かれたんです。何か趣味ありますか？って、それで好きになっちゃいました」

趣味を聞かれるというのは、自分に興味を持ってくれていること。生まれて初めて人から趣味を聞かれたようで、その瞬間、彼氏のことを好きになった。付き合って結婚の約束をして、相手の実家に挨拶に行った。

相手の母親に家柄が違いすぎると見下され、ゴールまでには至らなかった。

「悪い女っていうのは、歌舞伎町でキャバクラか風俗をやって、男にお金をいっぱい払わせて毛皮を着てホストをはべらせるみたいな。彼氏への罪悪感でそうなろうって。でも調べていくと、キャバクラは人としゃべらなきゃいけないから無理。風俗はすげえブスとかも名鑑にいたのでいけるかもって。それで風俗嬢になったんです」

風俗嬢のキャリアは高田馬場のイメクラから始まって、歌舞伎町の店舗型ヘルスに移っている。あっという間に全国区のフードルとなった。出勤日の店の電話は鳴り響き、予約は一瞬で埋まる。

「うらんという名前は店長がつけた。名字は高円寺か祐天寺かで迷って、高円寺在住だったからストーカー対策で祐天寺にしました。それで漢字を変えて佑天寺うらん」

イメクラは90年代に流行した風俗だ。

女性は女子校生やＯＬ、ナースやスチュワーデスという衣装を着て、男性客からセクハラ的な行為を受けてから性行為という流れでサービスをする。

「分娩台があるお店で、そこに座って手錠、目隠し姿で待つみたいな。でも、ほとんどの人は私に会いに来ている。写真を見て来ている。そんなのいいよ、やめてよってなった。悪い人になろうと思っていたのに、みんなから天使とかアイドルだってなって」

男性客にとっては、アイドルである佑天寺うらんとプレイができるのは夢みたいな話だった。握手やサインを求められることもあり、やって来る男性客全員が「本当にかわいい！」と絶賛した。

「誰かに認められるみたいなのは、初めてだったので浮かれました。こんなに楽しい世界があるんだって思った。私は自分をかわいいとは思ってないけど、みんなかわいいって言ってくれる。自分を認めようって思えた」

一瞬でナンバーワンになり、週6日出勤して、すべての時間が埋まった。月１４０万円を稼いだ。歌舞伎町の店舗型ヘルスに移っても大人気状態は続いた。予約殺到なので、彼女は待機という経験がない。

「7時間入ったら60分7人です。次々で忙しかったけど、何をやっても相手が喜ぶのがうれしかった。キスでもなんでもプレイすると喜ぶし、『初めて会えてうれしい』とか『うらんちゃんに会えてよかった』とか、『やっと予約が取れたよ』って言われる。『えっ、ゴムしないでプレイしてくれるの？』とか」

高田馬場、歌舞伎町と働いて無数の男性客の相手をしてきたが、いい思い出しか残っていない。毎日、風俗嬢になって本当によかったと思っていたという。

孤独感と自殺未遂

佑天寺うらんは、肌寒い秋なのにTシャツ姿だった。貧乏なので着用期間が短い秋物の洋服を持っていないことが理由だ。

ジャストフィットのTシャツを着ているので体型がわかる。彼女は本当に太っていてお腹が膨らみ切っている。太い二の腕、そして手首をみるとリストカットの傷跡だらけだった。古い傷だが激しく切ったことがうかがえる。

「ずっと死にたくて。風俗嬢として全盛期だった21歳、22歳とかですね。なんで死にたかったんですかね。死ぬのは、もうあきらめました」

高円寺で一人暮らしをしていた。歌舞伎町での仕事を終えて、一人で純情商店街を歩いていると寂しくなる。家に着いて誰もいない部屋にいると死にたくなる——手首を切る。その繰り返しだった。

「死のうと思って切っていたので、けっこう傷がある。でも、切っても死ねない。精神科で薬をもらって、薬を溜めて300〜400錠とか一気に飲んでも助かっちゃう。何回も何回も救急車で運ばれたり、入院している。けど、死ねない。死ぬことは、だいぶ前にあきらめました」

人気フードルとなって男性客が殺到し、みんなに褒められ、感激されていた。仕事は楽しくて、華やかな歌舞伎町も好きだったのに、どうして死にたいと思ったのだろうか。

「一人になると落ち込む。遊んでいるときはいいけど、落ち込むと死にたくなる。いまでも死にたいってときはあるけど、子どもを生んでからは自殺未遂みたいなことはしてないかな。そう、子どもがいる。いま中学3年生。男の子。31歳で産んで33歳で離婚して、調停して子どもは持っていかれた。いまも月1で会っている。持っていかれたのは生活力がないし、貧乏だからじゃないですか」

人気絶頂期に風俗嬢をやめている。

彼女は男性客だけでなく、風俗雑誌関係者にも人気だった。取材や撮影で出会った風俗雑誌関係者からも次々と声をかけられる。何人もの関係者と肉体関係になった。求められるのがうれしかった。

風俗雑誌やエロ本の編集者はモテない男性が圧倒的に多い。モテない関係者たちは少しでも彼女の気を引こう、接点を持とうとコラムやイラストを依頼する。死にたくて自殺未遂を繰り返していた最中、風俗嬢をやめて文章やイラストを描くことにした。

「そんなときにプロレス団体の社長と知り合った。私はプロレスをすごく恨んでいて、お金を出して見るのも嫌だし、タダで見るのも嫌だった。売店ならって手伝いして、みんなが練習しているのを見ていたら練習したくなった。それでだんだんやりたくなっていった。もう一度、レスラーになることにした。何もできなかったけど、できなくてもお客さんは応援してくれるのでやれた」

レスラーの収入は1試合数万円、試合は月に数回もない。風俗雑誌もすぐに下火になって、だんだんと収入は減っていく。風俗嬢時代の貯金も尽きてきて、下心丸出しで声をかけてくる風俗雑誌関係者も減って、やがていなくなった。

「30歳のとき、強烈な鬱になった。これはもう死ぬしかない、30歳になったらおばさんだし、人生終わりって思って死ぬことを決めた。決定させました。でも、あまりに落ち込みすぎて動けなくなって死ねなかった。それで死ねない、死ねない、死ねない、死ねないってむしゃくしゃして歌舞伎町に行った。区役所通りを歩いているとき、あっ、子どもが欲しいって急に思ったんです」

AV監督との結婚

当時、新宿二丁目にアダルト関係者が集まるバーがあった。バーで飲んでいるとき、先客にAV監督がいた。

「プロレスラー？　すごいね、みたいな話になって、プロレスは全然わからない人だったけど、それで子どもが欲しいって話をした。それでいいじゃん、俺と産もうって話になって子どもをつくることにした。子どもができたら籍を入れようとなって、生理前の子どもができやすい日を計算してたくさんヤリました。相手も『父親になるのでナンパビデオを頑張るから、たくさんナンパするから』とか言っていた」

妊娠して子どもが産まれた。元気な男の子だった。約束どおり入籍した。

「いろいろ文句はあったけど、その人とセックスするのが嫌だった。生理的に好きじゃなかった。相手はヤリたがるけど、無理なので拒否していて。最後のほうは5000円をもらえるならばって、売春にしました。生理的に嫌いなので目的がないとできないから。顔が嫌だった。あと、おかず3品つくれとかも嫌だった」

離婚を決めて揉めた。子どもの親権は話し合いでは決着がつかなかった。調停となった。

「調停であなたは貧乏すぎるからダメってなった。プロレスしかしてないから死ぬほどお金がないし。それはそうかな、仕方ないって思いました」

33歳で離婚してから、月一度の子どもとの面会は続けている。

一昨日も面会だった。子どもは中学3年生になった。身長はとっくの前に抜かれている。

「喫茶店に行って、子どもがスマホゲームをやりたいって。スマホを貸してあげて、私はずっと見ながら『最近、どう？　ちゃんと勉強してる？』とか質問する。子どもはゲームしながら『うん』みたいな。そんな感じ」

終電が近かった。佑天寺うらんは久しぶりに歌舞伎町に来たので朝まで飲んでいくという。ぽっちゃり風俗では稼げないと知った。どうやって5万5000円の家賃を払うのか考えなければならない――。

終章　出会いカフェの女

りる。

「ペペ前広場」は買春男性の巣窟

2022年11月3日、小春日和の晴天。いつものように歌舞伎町に隣接する西武新宿駅を降りる。

西武新宿駅はJR新宿駅から徒歩3分ほどの距離にある。西武村山線（現・西武新宿線）が歌舞伎町に乗り入れたのは1952（昭和27）年のことで、西武新宿駅ができたことで人流が生まれ、戦後復興に拍車がかかった。4年後の1956（昭和31）年12月には西武新宿駅から徒歩2分圏内に新宿コマ劇場が開場し、娯楽のある繁華街として続々と人が集まるようになる。

筆者は1990年代から男性娯楽誌でAV女優や風俗嬢の取材をしていた。彼女たちの取材では主に性体験の源流を探る。そのなかで、「西武新宿駅前で中年男性から声をかけられて売春を覚えた」というニュアンスを語った女性たちは、とにかくたくさんいた。

彼女たちが言う「西武新宿駅前」とは、「西武新宿駅ペペ前広場」を指している。西武新宿駅は西武ペペというファッションビル、新宿プリンスホテルが一体になった巨大ビルである。2階にある改札口を降り、真っすぐ数十メートル歩いて階段を下りるとペペ前広場となる。右側にはJR新宿駅西口に向かう大ガードがあり、左側にはマクドナルドの大型店、そして巨大パチンコ店が並ぶ。

ペペ前広場には自転車置き場、宝くじ売り場、常に悪質な人間しかいない喫煙所がある。喫煙所はもう雰囲気が違う。筆者はこの喫煙所を利用するとき、AV関係者や取材で顔を合わせたことがある暴力団関係者がいないか必ずチェックする。見かけた場合は即座に火を消して退散することにしている。

複数の女性の証言によると、このぺぺ前広場にいると、買春目的の中年男性にとにかく声をかけられるというのだ。多くは彼女たちが未成年時代の話であり、覚えている姿や風貌を訊ねると、少し小汚いパチプロのような男性を思い浮かべる語りがされる。ぺぺ前広場は売買春のスポットではないので、お金で釣るナンパに近いということだ。

AV女優や風俗嬢から、未成年時代、または素人時代にぺぺ前広場で声をかけられたことで売春を覚えた、売春をしたという話を聞いたのは十数人に及ぶ。ぺぺ前広場に生息する買春中年男性は、将来的に売春しそうな女子児童や女性を嗅覚で察知し、声をかけ、欲望を発散していることになる。

「出会いカフェに来ているおじさんは、みんな貧乏」

堀之内環奈(仮名、21歳)は歌舞伎町一丁目にある出会いカフェの常連だった。

「出会いカフェ」とは名前のとおり、男女の出会いを提供するカフェだが、風営法では店舗型性風俗特殊営業に分類されている。実態は売買春の温床となっている場所だ。

歌舞伎町に乗り入れる西武新宿駅の正面口を出て、ぺぺ前広場を通る。左手のマクドナルドを越えて靖国通り沿いを歩く。もう普通の街ではない。

「客引きに注意」というアナウンスが繰り返し放送され、すれ違う通行人も一般人とはいちいち毛色が異なる。歌舞伎町一番街（劇場通り）の入口を過ぎると、左手にドン・キホーテが見える。ここがセントラルロードの入口となる。セントラルロード沿いには出会いカフェがテナントとして入るビルが多い。

あるビルは、複数の出会いカフェが看板を掲げている。「デート誘ってよ♡」という煌《きら》びやかな看板、楽しそうな女性の写真と派手なデコレーション文字。Z世代に支配される歌舞伎町の中心部では、あまり見かけない小汚い中年男性がそのビルに出入りする。

ある出会いカフェの前で堀之内環奈と待ち合わせた。カラダが小さなおとなしそうな女の子だった。

パパ活カップルだらけの高級喫茶店に行く。彼女は注意欠陥多動性障害（ADHD）、広汎性発達障害（PDD）と診断されているという。昔から出会いカフェの女性利用者は発達障害や精神疾患を持つ女性利用者が多い。健康状態が不安定なので就労ができない、または生活ができるだけの収入を得る期間の就労ができないことが理由である。

「出会いカフェは飲み物とお菓子がタダ。援交やパパ活的な収入を求めて遊び半分で行くみたいな感じ。男の人から指名が入って、個室に移って直接条件を確認します。だいたい1万円くらい。本番以外、全部やる。ホテルに行って本番以外は全部。どうして本番しないかというと、安すぎるから」

男性利用者は40~50代が中心だという。ほとんどの男性は1万円の報酬を提示する。大久保病院前の街娼1万5000円も驚いたが、出会いカフェはその金額を下回る。歌舞伎町の女性価格のデフレ化は、どんどん進行している。

「安い。本当は本番3万円がいいけど、そういう人は滅多にいない。出会いカフェに来ているのは冴えないおじさんとか、白髪だらけのおじさんとか。みんな貧乏。1万円に対して安すぎるって返答するけど、結局本番なしの1万円で押し切られちゃう」

指名されて個室で条件を確認、合意となると一緒に店外に出る。新宿東宝ビルを越えて歌舞伎町二丁目にあるラブホテルに入る。前金で1万円をもらってから本番以外の性行為を行う。

「一緒にシャワーを浴びてカラダを洗って、そこからフェラ。私が責められたり、責めたりとか。1時間くらいかかる。2時間だと割に合わない」

65歳のストーカー男

堀之内環奈は神奈川県出身。実家から通った大学は2年で中退している。

大学時代から出会いカフェに出入りするようになり、もう3年が経つ。その間、1万~2万円という低価格の援助交際が続いている。高校を卒業した直後の18歳から中年男性に買い叩かれ続ける彼女は、そういう男性のことをどう思っているのだろうか。

「男の人より女の子のほうが弱者。弱者を捕まえてお金を払ってストレス発散しているのかなって、そう思う。あの人たちは私みたいに障害があって普通のバイトもまともにできないとか、そういう人を狙う。弱者を狙って安くフェラとかさせて喜んでいる。弱者相手なのですごく偉そうにする。カネを払っているんだから、もっと尽くせとか、玉舐めろとか、もっと激しくやれとか」

２０２０年12月、出会いカフェで知り合った65歳男にストーカー被害に遭った。男に指名されて初めて会ったとき、１万円を提示された。そして、ラブホテルに行っている。第一印象は「小汚いおじさん」だった。

「最終的にその男に実家を見つけられてストーカーされました。実家のポストに『コイツ、援交やってるぞ！』って紙を投函された。母親にバレて大変なことになった。男とはＬＩＮＥ交換して連絡とり合って、結局定期パパみたいになった。相手の要望で週２ペースで会って、だんだん連絡がこまめになった。好かれたというより束縛されたって感じ。相手は私と付き合おうとしていた」

65歳男と週２で定期的に会う関係になった。カフェは介さずにぺぺ前広場で待ち合わせて、そのままラブホテルに行く。１万円をもらって本番以外の性行為をする。そんなことが何回か続いた。

４回目に会ったとき、男はシックスナインで悶絶しながら口内射精した。射精疲れで息を切らしながら、ヨレヨレのトランクスパンツを履く。右手で股間の位置を直しているとき、「お前、もう、俺以外の男と会うな！」と言い出した。

「私を支配しようとした。突然、俺以外の男と会うのは禁止って言い出して、まだ19歳で人生経験も少なくてどうしていいかわからなかった。いまだったらすぐに断る。けど、そのときは反論できなかった。親から虐待されていたこともあって、自分の意見を言うことができなかった。だから男に気を遣ってされるがままになった」

最終的に男は「一緒に住もう、俺の家に来い」と命令口調で言った。その提案を断ったら男は逆上した。いままで払った1万円を全部返せと騒ぎ出した。

お金は前金でもらっていたので、その日は逃げた。翌朝、40通のＬＩＮＥが来た。「カネ返せ」「カネ返せ」「カネ返せ」「カネ返せ」と連なる。恐ろしくてブロックすると、ストーカーとなった。自宅を特定されて母親宛に「コイツ、援交やってるぞ！」という文書と写真がポストに投函された。

壮絶なイジメ体験

初老おじさんによるストーカー被害を聞くが、途中で「親に虐待されていたから」という言葉が漏れた。「虐待？」と聞くと、彼女は何かを思い出したのか涙目になった。

「歌舞伎町とか出会い系の話じゃないけど、私のこと、もっと話していいですか？」

筆者が頷くと、堀之内環奈の独白が始まった。

「小学校1年生からイジメられた。毎日、暴力と暴言。給食も机を離されて食べた。小学校のときに2度転校したけど、どこの学校でもイジメられた。『死ね、死ね、死ね、死ね』『キモい』『チクるな』とか、バイ菌扱いとか。発達障害の特性で空気が読めないとか、落ち着きがないことが理由と思う。すべての人の癪《しゃく》に障ったんだと思う。ツラいなって。ツラいです。なんで私のことをそこまでイジメるんだろう。何か恨みがあるんだろうって思ってました」

転校してようやく解放されたと思っても、同じことが繰り返された。

「盗んでないのに盗んだってでっちあげて、『泥棒野郎、バイ菌死にやがれ』みたいな。やっと転校しても、最初の学校でイジメをしてきた一部の男子と一緒になってバラされて、またイジメられる。私は暴言と暴力を受けるために生まれてきた、そういう仕打ちに遭って当然だって、だんだんと思うようになった。自分の中でもその意識が定着した。なんとも思わなくなった」

発達障害で空気が読めないのと、アトピー性皮膚炎だったことがイジメの原因だった。

「アトピーだった。中学生のとき、よくカラダを掻く真似をされた。アトピーの人ってかゆくなって皮膚を掻く。『バイ菌がまたボリボリ、ボリボリ』『動物園に行け』とか『菌が床に散らばる』『掻いたら殺す』とか。〝お前の掻き方〟ってクラス中に真似された。教室で周りを見ると、クラス全員が私を見ながら猿みたいな動きをする。みんな猿みたいに踊って大爆笑しているみたいな」

誰も友だちはいなかった。小学校から大学まで友だちはゼロだという。誰とも会話しないので、登校してもイジメられているか、勉強しているかだった。勉強をしようと思っても、教科書は隠されているのでなかった。

「母親は最初は学校に電話してくれた。けど、途中からお前に原因があるって言い出した。助けてもらえないみたいな。あと『やり返しなさいよ』とか。もう親もあてにならないなと思って絶望しました。母親との関係はずっとおかしくて、苦手とか嫌いから、恨みみたいな感情に変わったのは、母親は私を助けてくれないと確信したあたりから」

母親からの異常な「虐待」

小学校高学年のとき、堀之内環奈が眠ったあとにリビングで夫婦喧嘩が始まった。母親が父親に対して怒鳴り声を上げる。ヒステリックな声だったので起きてしまった。

「母親が『産まなきゃよかった』『あんたの遺伝子であんな子が生まれた』とか、『もう殺しましょう』とか話していた。大声で、父に対してなのか、独り言かわからないけど、『殺しましょう、殺しましょう、殺しましょう』って何度も言っていて耳を疑った。この家にいても命の危険があるから、大人になったら絶対に家を出て逃げないとって思いました」

堀之内環奈の独白は続く。小さなカラダで喫茶店のダイニングチェアに座っている。肘付きの椅子のサイズがカラダに合っていなかった。

中学生になってもイジメは続いた。テニス部に所属したが、そこでも人間関係はうまくいかなかった。

「学校のイジメだけじゃなくて、母親からの虐待も加わって中学がいちばんひどかった。家でも母親が『勉強、勉強』って言い出して、ちょっとの自由な時間も許されなくなった。母親は私がイジメられていることを知ってるけど、『やり返してきなさいよ！』と言うだけで話を聞いてくれない。勉強するから家にまっすぐ帰って来いってルールができて、母親に部活の表とか学校の時間割とか管理されて、空いている時間はすべて勉強させられた」

中学校になってからイジメは身体的暴力となった。

「廊下を歩いていると、みんな偶然を装ってわざとぶつかってくる。私、カラダが小さいので吹っ飛びます。最悪のときは教室から音楽室に着くまでの50メートルで、5回とか6回も吹っ飛ぶ。廊下は堅いので痛い、ケガもします。先生は学年集会を開いてイジメはやめようってアピールするだけ。何も解決しない」

いまでも夢に見るのは給食の時間のワゴンだ。

「偶然ぶつかっただけでは済まなくなって、ワゴンで追い回される。轢《ひ》かれたら死ぬまではいかないけど、骨折くらいするかもしれない。恐ろしくて逃げる。けど、『バイ菌殺せ、バイ菌殺せ、バイ菌殺せ』って、廊下中で合唱みたいなのが始まる。『殺せ、殺せ』って声のなかでワゴンに追い回される。怖いので逃げます、必死で逃げる。でも、追いかけてくる。轢かれたのは何度かでしたが、いまでも夢に出てきます」

母親に時間を管理されて勉強を続けた。高校受験は都立の難関校を受けるように言われた。地元の人間が誰もいない遠い高校に行きたかったが、母親には秒で却下された。

都立高校は落ちた。母親は「父親に似たからこんな恥ずかしい子になった」と落胆した。母親が決めた中堅の私立高校に進学した。

「高校に入学のとき、制服を買わされる。そのときに母親の提案で、家でスクール水着の鑑賞会があった。両親がいるリビングでスクール水着に着替えなさいって命令されて、無理やり着替えさせられた。父親と母親で『胸が大きくなった』とか品評会みたいになって、うちは家庭環境がおかしい、頭がイカレていると思った。早くこの家から離れなきゃと思いながらスクール水着姿で立っていたことを覚えています」

堀之内環奈がたったひとつ、誰かに褒められたのはピアノだった。

子どもの頃、母親に日能研と水泳と日本舞踊とピアノをやらされていたが、ピアノ教室以外は全部辞めたかった。ピアノだけは続けた。

イジメられてツラくて死にたいと思ったとき、母親にあんな子どもを産むんじゃなかったと言われたとき、崩壊しそうな心を癒してくれたのはピアノだった。ストリートピアノを弾いた。大好きな曲、ショパンの「英雄ポロネーズ」を弾くと、もう少しだけ頑張ろうと思えた。

鬼畜な兄との初体験

学校での長期間に及んぶイジメと毒親の過干渉と虐待——悲惨な独白。まだ終わらなかった。堀之内環奈は気丈に語り続けたが、4歳上の兄の話になったとき、表情が歪み、滑らかだった口調は停滞する。

「初体験の相手、実は兄。兄はスポーツマンで優等生、でも鬼畜というか最悪な人でした」

4歳上の兄は文武両道で有名高校の野球部員だった。何人ものプロ野球選手を輩出している名門だった。兄は高校卒業後、理系の最難関大学に進学。大学院まで行ったことまでは知っている。母親にとって自慢の息子だった。

イジメ、毒親に、兄による性的虐待が加わるようだ。兄という言葉が出てから口調が停滞したので、筆者が質問していくことにする。

——いつ、何をされたの?

環奈 高校1年生のとき。最初は下着に手を入れられるくらいだったけど、どんどんエスカレートした。マッサージとか、フェラしろとか、挿れられたりとか。兄はエリートみたいな感じ。野球部でもレギュラーでした。

——マッサージ?

環奈 両親がいないときに私の部屋に入ってきて、マッサージしようか?って。私は曖昧な表現がわからないから応じた。太もものマッサージから始まって、際どくなって下着の中とか。拒否してもやめてくれない。

――校則の厳しい名門高校だよね。

環奈　男女交際禁止だったと思います。マッサージされているとき、すごくキモチ悪い顔だった。女に飢えているというか。

――太ももをマッサージされて、どうなっていくの?

環奈　お尻もマッサージするよって言われて、そのあとに怪しくなってきた。拒絶しても、触られた感じです。

――力強く?

環奈　そうです。抵抗しても、やめてくれなくて。最初は兄の気が済むまで触られるだけで終わったけど、一回だけじゃなくて何度も何度も続いた。兄に濡れてる?って言われてホントに気持ち悪かった。

――パンツのなかに手を突っ込んできて、どうなったの?

環奈　キスを無理やり強要された。私に彼氏ができたときの練習だって。兄の唾液を飲まされたり、胸を揉まれたり、乳首を吸われたり、エスカレートしていった。

――高校1年生からいつまで?

環奈　19歳で家を出るまで。

——途中で抵抗するのをあきらめたの？

環奈　一線を超えたのは半年くらいしてから。一線を超えたというのは挿れられたってことです。野球部のレギュラーなので力が強い。

——何回もそういうことがあったの？

環奈　高校2年生のときがいちばんひどくて、毎週された。やられたときは心をとにかく無にする。私なんてどうせ大切にされない人間だって思っていました。

——兄に繰り返し、強姦された？

環奈　そうです。痛い。ずっと痛い。

——兄に対してはどう思っていたの？

環奈　この人とはもう二度と関わりたくないなって。縁を切らなかったら私は生きていけないなって。

——誰かに相談したの？

環奈　誰にも言えません。兄はエリートなので、誰も私の言うことなんて信じない。母親も溺愛しているし、無理です。

——イジメ、母の虐待、兄の性的虐待って悲惨だね。

環奈　ピアノがなかったら自殺していたと思う。

「妊娠したときに殺せばよかった!」

堀之内環奈は母親にガチガチに管理されながら受験勉強をさせられた。理系の中堅大学に進学している。大学生になってから出会い系サイトを知った。若い女というだけでたくさんの男が相手をしてくれる。

兄からの強姦は続いている。母親は大学生になっても履修やサークル、勉強に執拗に口を出してくる。耐えられなくなって出会い系サイトで知り合った男の家に行くようになり、頻繁に家出を繰り返すようになった。

「出会い系サイトで援助交際みたいなことを始めた。ゴムあり1万5000円か2万円で売っていました。その金額なのは、私はお世辞にもかわいいっていう容姿ではないし、チビだし、イモっぽいし」

風俗情報サイトを見て、蒲田で風俗嬢も始めている。

「普通の仕事はイジメられるし、病気で満足にできないことはわかっているので、デリヘルで働いた。蒲田では本番強要ばかりされました。いま思えば、本当にひどい。何度も中出しされました。ピルを飲むことにしました。そういうことをするのは、みんな40～50代のおじさんです」

出会いカフェで48歳の介護士の男と知り合った。最初、2万円で売春した。その男は「お前を俺が育ててやる!」と張り切り出した。それから毎日のように歌舞伎町に呼び出された。

「独身の介護士で、すごくブサイクな人。『俺がお前を最高のM女に育てる』って言い出して、セックスしながら『ブス、ブス、ブス』とか。その人、ツヨシって名前だけど、土下座して『ツヨシ様のおちんぽ挿れて！と言え』とか。『俺のおしっこ浴びろ！』『アナルをずっと舐めろ！』とか。嫌だし、キツい。でも、誰かにヒドいことをされるのが染みついてて、そのときはヒドいってちゃんと思えなかった。麻痺していました」

歌舞伎町の発達障害や精神疾患を持つ女性が集う出会いカフェでは、弱者に弱者が寄ってきてマウンティングが行われる。カラダの小さい発達障害の彼女は最弱者であり、買春男たちのマウンティングの欲望の的になっていた。

2020年12月、65歳男にストーカーをされて母親に出会いカフェでの援助交際がバレた。

「お兄ちゃんと同じ兄妹とは思えない！」

「恥ずかしい人間！」

「妊娠したときに殺せばよかった！」

母親は発狂した。鬼のような目をして狂ったように喚き散らした。堀之内環奈はもうこの家にはいられないと思った。すぐにSNSで知り合った男性に相談し、神奈川県にある大学の近くに3万円の部屋を借りて家を出た。

「去年（2021年）1月に母親に居場所が見つからないように住民票閲覧制限をかけました。女性支援センターに行って、母親の事情を話したらロックできた。兄のことは言わなかった」

母親の「殺しましょう」「殺せばよかった」という発言で住民票閲覧制限が認められた。堀之内環奈は母親と強姦兄から逃げて自由になった。

歌舞伎町と関わらない生活をしたい

大学は中退した。派遣ＯＬをしながら出会い系サイトと歌舞伎町の出会いカフェで稼いで、なんとか最低限の生活をした。歌舞伎町の出会いカフェで知り合う男は横暴な弱者男性ばかりだった。報酬の安い性的行為に辟易することはあっても、生活のため、生きるためと思って耐えた。

２０２１年11月。先ほどの48歳独身の介護士ツヨシに歌舞伎町に呼び出され、アナル舐めをさせられてウンザリしたとき、ちょうど平日の14時だった。都庁にあるストリートピアノに行った。ショパンの「英雄ポロネーズ」を弾く。

「君、すごい。音が優しい。本当にすごい、って男性に声をかけられた。それがいまの彼氏です」

堀之内環奈は男性にすべてを話した。男性はすべてを受け入れて、今年４月に彼女に告白している。初めての友だち、初めての恋人だった。

「その人のことを好きになって、ようやく自分を取り戻せた。自分の意見をちゃんと言えるようになったり、自分の人生を生きたいと思えるようになった。これからの人生は自分で決めて、自分で責任を持とうって」

彼氏ができたことで、出会い系サイトの売春はやめた。歌舞伎町の出会いカフェでの性行為は必要最低限に減らした。仕事だけでは生活費は稼げないので仕方ないと思っているが、茶飯だけのパパ活に挑戦しようと思っている。

「君のことが好きなのは素直で心がきれいなところ――ピアノの音で全部わかるんだ」

２０２２年４月、堀之内環奈は彼氏にそう告白されている。歌舞伎町と関わらない生活をしたい、いまは強くそう思っている。

参考文献

『新宿・渋谷・原宿 盛り場の歴史散歩地図』（赤岩州五著／草思社）
『新宿・歌舞伎町 人はなぜ〈夜の街〉を求めるのか』（手塚マキ著／幻冬舎新書）
『新宿の迷宮を歩く 300年の歴史探検』（橋口敏男著／平凡社新書）
『「ぴえん」という病 SNS世代の消費と承認』（佐々木チワワ著／扶桑社新書）
『ホス狂い』（大泉りか著／鉄人社）
『ホス狂い 歌舞伎町ネバーランドで女たちは今日も踊る』（宇都宮直子著／小学館新書）

中村淳彦
なかむら・あつひこ●1972年、東京都生まれ。ノンフィクションライター。貧困や介護、AV女優、風俗などの分野でフィールドワークを行い、執筆を続ける。貧困化する日本の現実を可視化するために、過酷な現場の話にひたすら耳を傾けている。著書に『東京貧困女子。』（東洋経済新報社）、『新型コロナと貧困女子』（宝島社新書）、『日本の貧困女子』（SB新書）、『職業としてのAV女優』『パパ活女子』（ともに幻冬舎新書）、『悪魔の傾聴 会話も人間関係も思いのままに操る』（飛鳥新社）など多数。
Twitter：@atu_nakamura

宝島社新書

歌舞伎町と貧困女子
（かぶきちょうとひんこんじょし）

2022年12月23日　第1刷発行

著　者　中村淳彦
発行人　蓮見清一
発行所　株式会社宝島社
〒102-8388 東京都千代田区一番町25番地
電話：営業　03(3234)4621
　　　編集　03(3239)0646
https://tkj.jp
印刷・製本　中央精版印刷株式会社

Printed in Japan
ISBN 978-4-299-03482-3